ト博士・糸川英夫の
創的
来科学
発想法」

大川隆法
Ryuho Okawa

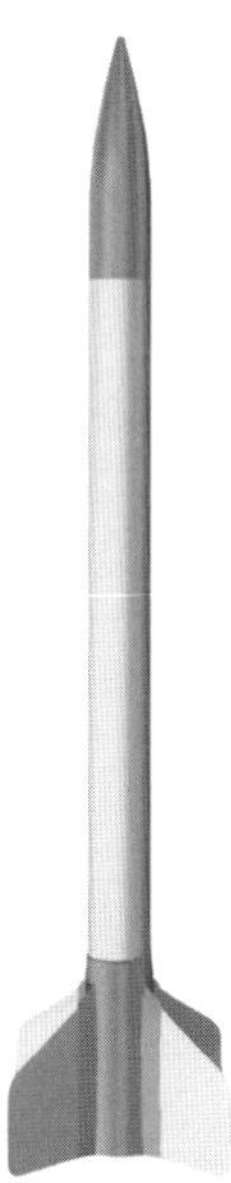

まえがき

うーん、実に面白い。理科系には昔から変人が多いが、「変人」が「常識人」の群れをつくろうとするから、世の中おかしくなる。プラグマティックな調整は文系にまかせて、理系・超変人は、生きていけることを最低条件にして、逆転につぐ逆転の発想をし続けることだ。

日本経済を再び成長の軌道にのせるのも、理系の仕事かもしれない。金融緩和や財政出動だけでは甘い。

世の中にないものを発想し続ける中に未来の成長産業が出てくるのだ。今は常識とされている機械類も、百年、二百年前にはなかったものばかりだ。

さすれば、百年後、二百年後にも、今はない技術がバンバン出てくるということだ。本書は単なる科学テキストではない。発想集だ。未来へのヒントがここにある。

二〇一四年　九月二十三日

幸福《こうふく》の科学《かがく》グループ創始者兼総裁《そうししゃけんそうさい》
幸福《こうふく》の科学大学創立者《かがくだいがくそうりつしゃ》　大川隆法《おおかわりゅうほう》

ロケット博士・糸川英夫の独創的「未来科学発想法」　目次

ロケット博士・糸川英夫《いとかわひでお》の独創的「未来科学発想法」

二〇一四年六月十八日　収録
東京都・幸福の科学総合本部にて

「霊言現象《れいげん》」とは、あの世の霊存在の言葉を語り下ろす現象のことをいう。これは高度な悟《さと》りを開いた者に特有のものであり、「霊媒現象《れいばい》」（トランス状態になって意識を失い、霊が一方的にしゃべる現象）とは異なる。

なお、「霊言」は、あくまでも霊人の意見であり、幸福の科学グループとしての見解と矛盾《むじゅん》する内容を含《ふく》む場合がある点、付記しておきたい。

ロケット博士・糸《いと》川《かわ》英《ひで》夫《お》の
独創的「未来科学発想法」

二〇一四年六月十八日　収録
東京都・幸福の科学総合本部にて

糸川英夫《いとかわひでお》（一九一二～一九九九）

航空工学・宇宙工学者。東京帝国《ていこく》大学工学部航空学科卒業後、中島《なかじま》飛行機に入社し、九七式戦闘機《せんとうき》や「隼《はやぶさ》」「鍾馗《しょうき》」などの設計にかかわった。戦後は東京大学教授として、国産では初の固体燃料ロケットとなる「ペンシルロケット」の発射実験に成功。「日本の宇宙開発・ロケット開発の父」と呼ばれる。著作も数多く、『逆転の発想』等はベストセラーになった。

質問者　※質問順

小林早賢《こばやしそうけん》（幸福の科学広報・危機管理担当副理事長 兼《けん》 幸福の科学大学名誉顧問《めいよこもん》）

近藤海城《こんどうかいじょう》（幸福の科学大学準備室副室長）

梶敦次《かじあつし》（幸福の科学大学準備室主任）

［役職は収録時点のもの］

1　ロケット博士・糸川英夫《いとかわひでお》氏に「未来科学発想法」を訊《き》く

発想・発明・独創法に関するベストセラーを書いた糸川《いとかわ》氏

大川隆法　幸福の科学大学用にいろいろな考え方を出していますが、工学系のものがやや少ない感じがしているので、ここを補強していく必要があるでしょう。

そこで、何がよいかと考えてみると、「糸川英夫《いとかわひでお》先生あたりがよいのではないか」と思いました。

この人は一九九九年に八十六歳《さい》で亡《な》くなっており、少し前の方ではありますので、若い人たちは、あまりご存じないかもしれませんが、私の大学時代ぐらいには、いろいろな本を出していた人です。

また、航空工学、ロケット工学系統が専門でありながら、それだけでは飽《あ》き足らず、「発想法」や「独創法」的なものも数多くお書きになってベストセラーになっており、私も学生時代にいろいろと勉強した覚えがあります。

そういう、発想・発明・独創といったものになると、やはり、文系よりも理系のほうに面白《おもしろ》いものがたくさん出てくるのです。

私も、文系としては変わった人間だとは思いつつも、「理系の人の発想法や考え方などを学んでおくことも大事なのではないか」と思って、そうしたものも一《ひと》通《とお》り勉強しました。法学部でロケットや航空機の研究を学ぶ必要があるかどうかは分かりませんが、物事の考え方や発想、「なぜそういうものをつくったか」といったことには関心があったわけです。

そのため、私は、ロケット博士である糸川先生の本をすべて読み、数学者である岡潔《おかきよし》先生の全集もすべて読んだという、法学・政治学系としては非常に変わった人間で、昔からそんなところがありました。初めてのことは何でもやってみようとして、首を突《つ》っ込《こ》んでみるということでは、私も「人間万華鏡《まんげきょう》」のような存在なのかもしれません。

日本の宇宙事業を先導《せんどう》した「ペンシルロケット」の開発

大川隆法　糸川先生は、東京大学工学部の航空学科を卒業し、その後、東京大学教授になり、さらに、東京大学生産技術研究所（のちに東京大学宇宙航空研究所〈現・宇宙科学研究所〉として独立）を率いた方です。

現在ではどうなっているか知りませんけれども、私の学生のころは、東大の理Ⅰでいちばん成績のよいレベルのクラスの人たちが、だいたい、宇宙工学等の宇宙系のほうに行っていたと思います。

当初はまだ、「ペンシルロケット」を打ち上げるぐらいで、正確には知りませんが、長さ三十センチ程度の大きさのものを打ち上げていました。

そして、最初は水平での発射実験をしたりして練習したあと、上方に打ち上げるようになっていった時代だったと思います。

第二次大戦中、戦闘機《せんとうき》「隼《はやぶさ》」などの開発に携《たずさ》わる

大川隆法　先の第二次大戦では、アメリカが開戦二年ぐらいでグラマン（ヘルキャット）その他の武器をつくり、日本の零戦《ゼロせん》が敗れ始めました。同じころ、糸川先生は、「新しい戦闘機《せんとうき》を開発しなければ駄目《だめ》だ。〝新武器〟を考えなければいけない」ということで、中島《なかじま》飛行機で開発をしておられました。幾《いく》つかつくられ、つくられたうちの幾つかの戦闘機は実戦で飛びました。

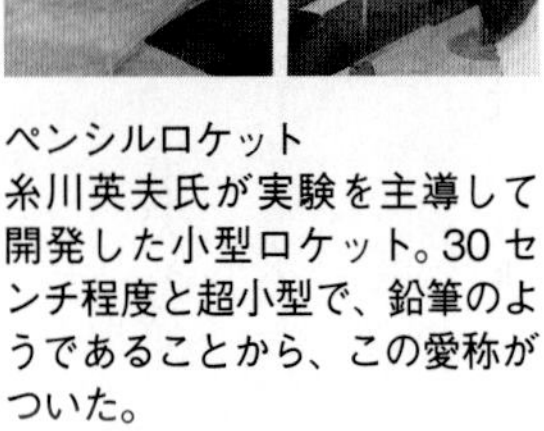
ペンシルロケット
糸川英夫氏が実験を主導して開発した小型ロケット。30センチ程度と超小型で、鉛筆のようであることから、この愛称がついた。

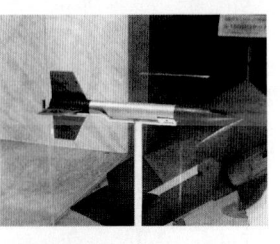

零戦と同じころの機種で、有名なのは、一式戦闘機「隼《はやぶさ》」でしょう。これは、「加藤《かとう》隼戦闘隊」などで名前が有名になり、映画化されたこともあります。そのほかにも、二式戦闘機「鍾馗《しょうき》」などをつくったと思います。

「アメリカの戦闘機を凌駕《りょうが》するものをつくろう」と考えていたものの、敗戦して「残念無念」ということで、戦後は、航空工学系からロケットのほうへと行き、日本の行くべき道を指し示そうとしていたのではないでしょうか。おそらく、その意味での「悔《くや》しさ」のようなものを持っておられたのではないかと思います。

日本が戦争に負けたことにより、戦後、「日本に空のほうを取られないように」と考えたアメリカによって開発をかなり抑《おさ》えられたため、日本は航空工学のほうで、かなり後《おく》れを取りました。

そのあたりのところに対する残念な思いはあるでしょう。

最初、アメリカは、零戦にコテンパンにやられました。あまりにも零戦が強いため、米軍機はどんどん墜《お》とされていたのです。そこで、「何とかして零戦を墜とす」ということで、アメリカは必死になって工業力を上げ、新兵器を開発していきました。それとともに、不時着した零戦を解体し、調べに調べ、弱点を見つけ出していったわけです。

零戦の反転能力は非常に高いのですが、これは要するに、「機体が非常に軽い」ということを意味します。機体を軽くするために、鉄板《てっぱん》にたくさんの穴《あな》を開け、できるだけ重量を減らしてつくってありました。

また、普通《ふつう》の戦闘機は、後ろから銃弾《じゅうだん》を撃《う》たれた

映画「加藤隼戦闘隊」(1944年公開)劇場ポスター

糸川博士が設計に協力した一式戦闘機・隼
加藤隼戦闘隊などの活躍もあり、日本国民に広く親しまれた。

ときに防御《ぼうぎょ》するため、座席後部に鉄板を入れたり、ゴム板を張ったりするのですが、零戦はそういう防御面が弱かったのです。できるだけ軽くして、とにかく、すぐに反転して敵機の後ろ側に回れるようにつくられていることを、アメリカ側は全部解明した上で、「零戦の墜とし方」を研究して新兵器をつくってきました。

「隼」は、おそらく零戦よりは墜ちにくい戦闘機だったのではないかと思いますし、もう少し違《ちが》う機種も開発していました。

糸川先生は、戦後は、固体燃料ロケットをつくったりもしていましたが、宇宙開発の基礎《きそ》をつくったと言ってもいい人です。

「逆転の発想」をしたロケット博士の意外な趣味《しゅみ》

大川隆法　いずれにせよ、今、糸川先生は、あの世に還《かえ》られてから十五年ぐらいになりますので、おそらく、これからの未来の工学系や航空工学、宇宙工学系等のアイデアに当たるようなものを、そうとう練っているのではないでしょうか。

そこで、少々ずるいかもしれませんが、申し訳なく思いつつも、宗教という〝ブラックボックス〟を通し、ドラえもんの四次元ポケットから未来の道具を出すように、将来出てくるようなものを早めに出せないかと考えています。「やがてこういうものが開発される」といったインスピレーションは天上界《てんじょうかい》にあるはずなので、「このへんを少し早めに引き出せないか」と考えているところです。

「独創力」や「逆転の発想」等、さまざまな発想法についても、ずいぶん述べておられたので、ほかにも応用の利《き》く考え方を持っておられた方なのではないでしょうか。私の記憶《きおく》するところによれば、「同時併行《へいこう》処理」をだいぶしておられたし、「異色なものの組み合わせ」といったことも考えていた方だったと思います。

また、趣味《しゅみ》でバレエも習っていたと記憶していますが、確か、貝谷《かいたに》バレエ団だったと思います。

ちなみに、貝谷バレエ団は、東京都世田谷区《せたがや》の東松原《ひがしまつばら》にありました。私の学生時代の下宿近くに羽根木《はねぎ》公園があったのですが、その入り口の横辺りにあったのです。ただ、去年（二〇一三年）ぐらいに見に行ったときには、マンション業者によって解体されていたので、すでに建て替《か》わっているかもしれません。

なお、貝谷バレエ団の建物は鉄筋四階建てだったのですが、当時、私の下宿は、その道路の向かい側にある、少しこんもりとした敷地《しきち》に建っていました。そのため、木造二階建ての二階にある私の部屋からは、貝谷バレエ団の四階のレッスン場が水平に見えたのです。まあ、〝絶景〟でございました（笑）（会場笑）。

昼間はよく見えないのですが、夕方からライトが灯《とも》ってくると、なかなかの見物《みもの》であって、周りは暗くなっているのに、レッスン場のところだけがスタジオのように明るくなるわけです。手すりが横にあり、そこで、「一、二。一、二」と、足を上げて踊《おど》っている練習風景が全部見えました。「ちゃんと勉強しとったのか」と言われる可能性もありますが、たまたま位置的に真正面に見えたのです（笑）（会場笑）。もちろん、向こうからだってこちらが見えないわけではないので、お互《たが》い五分五分《ごぶごぶ》であって、とやかく言われる筋合《すじあ》いは、まったくないのではありますけれども。

いずれにせよ、こたつでよく勉強していた私が目を上げると、たまたま真正面で足を上げているという状況《じょうきょう》ではあったのです。

そのように、東大在学中、貝谷バレエ団のバレエを見続けていたので、意外に、幸福の科学学園のチアダンス部の発祥《はっしょう》は、もしかしたら私の頭のなかにあるのかもしれません。バレエの練習風景を何年間も見ていた記憶が脳のなかに残っているので、「このように練習しているのだ。こういう踊り方なのだ」ということを、だいたい知っているわけです。

糸川さんも、貝谷バレエ団だったと思いますが、バレエを習っていたようなので、変わった方だったのでしょう。ほかにもいろいろなことをしていたのでしょうが、ロケット博士でバレエもするような人ですから、変わった方だったのだと思います。そうした、人とは違《ちが》ったことをすることによって、新たな発想が生まれてくることもあるのではないでしょうか。

ロケット博士・糸川英夫を招霊《しょうれい》する

大川隆法　前置きと雑談が長くなりました。

おそらく、糸川先生は、外国から見れば、「戦争協力者」ということで、悪く言われるのかもしれません。ただ、私が彼の著作等を読んだ感じからすれば、そんなに悪い世界に還《かえ》っているはずはないだろうと思われます。きっと立派なところに還っており、日本の未来を憂《うれ》えて、考えておられるのではないでしょうか。

それではお呼びしますが、言葉を通じてのことですので、どこまで言えるか分かりませんけれども、「ドラえもん」だと思って、「何か聞き出せないか」という感じで訊《き》いてくだされば、ありがたいと思います。

（質問者に）よろしいですか。

それでは、「ロケット博士」の異名《いみょう》を持ちます糸川英夫先生の霊《れい》をお呼びいたします。独創的な未来科学発想法について、幾つかインスピレーションをくだされば、まことに幸いかと存じます。

糸川英夫博士よ。

糸川英夫博士よ。

どうか、幸福の科学に降りたまいて、われらに、未来科学に対するアドバイス、インスピレーション等をお与《あた》えくださいますよう、心の底よりお願い申し上げます。

糸川英夫博士の霊よ。

糸川英夫博士の霊よ。

どうか、幸福の科学総合本部に降りたまいて、われらに、未来科学についての、さまざまなアイデアをくださいますことを、心の底よりお願い申し上げます。

（約十秒間の沈黙《ちんもく》）

2 発想はイメージトレーニングから生まれる

招霊《しょうれい》の趣旨《しゅし》に「納得《なっとく》」しつつ「謙遜《けんそん》」する糸川博士

糸川英夫　うん、うーん。

小林　おはようございます。

糸川英夫　あ、うん。

小林　糸川博士でいらっしゃいますか。

糸川英夫　うん。

小林　本日は、幸福の科学にお越《こ》しいただきまして、本当にありがとうございます。

糸川英夫　うん。アハハ（笑）、珍《めずら》しい。珍しいね。

小林　ええ。今日、お招きしましたのは、来年（二〇一五年）の春、私《わたくし》どもも、「幸福の科学大学」という新しい大学を開学しまして、そのなかで、「未来産業学部」という、理系の、新しい産業科学を開いていく学部を立ち上げようと思っていますので、ぜひ、糸川先生から、さまざまなアドバイスを頂ければと思った次《し》第《だい》です。

糸川英夫　なるほど！　なるほど、なるほど。

小林　それで、先生は、「日本のエジソン」ともいわれるようなご存在で……。

糸川英夫　いやあ、それは聞いたことがないな。さすがに聞いたことがない。

小林　いえいえ。私《わたくし》どもは、そう思っているのですけれども。

糸川英夫　うーん。

小林　まあ、そういうこともありますし、これは、少し、たとえが突飛《とっぴ》なのですが、「ドラえもん」のように、ポケットから何でも出せるような……。

糸川英夫　（笑）「ドラえもん」ときたかあ。うーん！　よく言うなあ。

小林　それだけの、非常に柔《やわ》らかな発想と独創力を、ご生前からお持ちで……。

糸川英夫　まあ、いちおうねえ、勉強したり、努力したりはしたのよ。

小林　ええ。存じ上げています。

糸川英夫　アッハッハッハッハ（笑）。

小林　実は、科学者でありながら、「根性《こんじょう》や努力の継続《けいぞく》が、ものすごく大切だ」ということも説かれ……。

糸川英夫　天才でもなかったからねえ。まあ、東大に入ってから、少しできるようになったけれども、その前は天才じゃなくて、凡人《ぼんじん》に毛が生《は》えた、もうギリギリの秀才《しゅうさい》あたりのところをフラフラと〝低空飛行〟してたので。「天才だ」と思って訊《き》いたら間違《まちが》いだよ。もう、ヒイヒイ言ってついてきている最終ランナーのマラソン選手みたいな人に、「何か感想は?」って訊いてるような、今、そんな感じだと思ったほうがいいよ。

「独創的発想」を生み出す「糸川流・思考法」とは

小林　まあ、そうはおっしゃいましても、糸川先生は、かなりクリエイティブといいますか、独創的な発想を、ずいぶんされていましたので、まずは、「どのような独創性を持っていけばよいのか」というあたりから、ぜひお教えいただければと思います。

糸川英夫　（正面の壁にほどこされた宗教装飾《そうしょく》を指しながら）やっぱりねえ、わしなんか、こういうのを見るとさあ、なんかロケットに見えるんだよな、これなあ。

小林　（笑）

糸川英夫　これは、面白《おもしろ》いなあ（下・写真）。ロケットのなかに、丸い、太陽のような、なんか、マヤの遺跡《いせき》のような模様が入ってて、「これは何なんだろう」っていうね。

君ら、変わってるなあ。すごく変わってる。この横にも、なんか、マヤの神殿《しんでん》のような渦巻《うずま》きがあってさあ。なかなか面白いねえ。これ、誰《だれ》がつくったんだかなあ。遺跡から出てきたら面白いだろうな、これなあ。

糸川博士の霊が話題にした「壁面の宗教装飾」。

うーん、やっぱりねえ、イメージから始まる、イメージから。すべてはイメージなんだよ。

小林　はい。

糸川英夫　何を「面白い」と感じるかなんだよなあ。（再度、壁面の宗教装飾を指しながら）こういうのを見て、これは、「御本尊《ごほんぞん》」っていうものの〝変形〟なのか、本物なのか知らんけど、ええ？

小林　まあ、〝変形〟と言えましょうか。

糸川英夫　〝変形〟だな？

小林　はい。

糸川英夫　そういう〝御本尊〟っていうものがあり、これを見て、ここから何をあなたは思いつくか。答案用紙を渡《わた》して、「この〝御本尊〟から何をイメージするか。思いつくかぎり、イメージできるかぎりのものを書け」と。

小林　ああ、なるほど。

糸川英夫　そうすると、「船、カヌーがイメージできる」とか、「宇宙ロケットがイメージできる」とか、それから、「これは、たぶんランチボックスだろう」とか見る人もいるかもしれない。

また、「これは、たぶん、インドのイスラム教寺院の、モスクの模型の一つに違いない」とか、「いや、やっぱり、これはロシアのクレムリンの塔《とう》をイメージしたものだ」とか、「NASA《ナサ》（アメリカ航空宇宙局）のロケット発射台を描いたものだ」とかですねえ。

あるいは、「いや、エル・カンターレが頭にかぶってた帽子《ぼうし》をイメージしたものだ」とかさあ、まあ、考えつくかぎり、これが次々と、何十出てくるか、百出てくるか。

こういうイメージトレーニングあたりから、発想は生まれてくるんだよな。

小林　ああ、なるほど。

糸川英夫　だから、これ（壁面の宗教装飾）を見て、ただ、その形にしかイメージができない人は、やっぱり足りないんだよね。

もし、宇宙人が来て、これ（壁面の宗教装飾）と、両側にある、金の円形を見たら、「これは、科学的な装置か何かかもしらん」と、まず思うと思うんだよな。絶対、思う。

「ここの横に、大砲《たいほう》が二丁付いてる。これはミサイルかもしれない」というように見るわけね。それで、「これがガーッと下《お》りてきたりして、俺《おれ》を攻撃《こうげき》するんじゃないか」というように考えるわけ。

つまり、発想っていうのはそういうもんで、みんなが見てるのと同じようにしか、ものが見えないようでは駄目《だめ》なんですよ。

それから何がイメージされてくるか。あるいは、それそのものから見えるもの以外に、逆のものとか、あるいは、類推されるものとか、いろいろなものを発想していったり、あるいは、「俺がデザインするんだったら、ここに何を描《か》くだろうか」とか、考えたりするわけよね。

糸川博士が描く、未来の「幸福の科学大学」の絵

糸川英夫　やっぱり、俺だったら、未来の「幸福の科学大学」の、発展した模型を建てるか、絵でも描けちゃいそうな気がするねえ。

小林　ああ、描けちゃいそうな気がしますか。

糸川英夫　うん、うん。そんな感じがする。「五十年後の幸福の科学大学」なんていうのも、ボーンと絵に描いてるような気がする。

小林　ああ、それは、先生であれば、例えば、どのような感じで、絵を描かれる

のでしょうか。

糸川英夫　そうねえ。君らが考えてるものとは、そうとう違ってるような気がするなあ。

例えば、九十九里浜《くじゅうくりはま》だけじゃ、もったいないねえ。やっぱり、海の上まで延長しないといかんなあ。海洋の上にも浮《う》いてないといかん。

小林　ああ。

幸福の科学大学の完成イメージ図（右側の海岸が九十九里浜）

糸川英夫　うーん。海の上にもあるような気がするなあ、大学が。やっぱり、「海の研究」があるからなあ。

小林　まあ、当然、用地だけなら、地上でも手当てできますので、わざわざ、「海の上につくる」ということは、やはり……。

糸川英夫　うーん。まあ、そらあ、移動式の研究所だからねえ。一般《いっぱん》的には、九十九里浜の近くにいてていいんだけども、移動したかったら、どこへでも移動していって、そこを探索《たんさく》するベース基地にするわけよ。

小林　ああ、なるほど。海洋移動型のキャンパスみたいな？

糸川英夫　まあ、宇宙ステーションみたいにベース基地にしてね。今だったら、小笠原《おがさわら》の新島《しんとう》が盛り上がってきてるじゃない。調べたいなあ。ぜひとも調べたい。やっぱり、そこまで、その大学が移動していかなきゃいけないね。そこで、野《の》宿《じゅく》ならぬ〝海宿《うみじゅく》〟をして、そして、いろいろと各種研究を……。「しんかい」（潜《せん》水《すい》調査船）を下ろして潜《もぐ》ったり、いろいろなデータを取って、やっぱり調べないといかんですなあ。どういう影響《えいきょう》まであるかねえ。

小林　ええ。

糸川英夫　まあ、そんなのを私なら考えちゃうな。だから、「陸地の大学」と、「海の上を移動する大学」と、両方考えちゃいそうな気がする。ハッハッハ。

近藤　たいへん面白いアイデアを頂きまして、ありがとうございます。

糸川英夫　いえ、いえ、いえ、いえ。

3　さまざまな分野への関心が発想を広げる

「新しいもの」を創造する「糸川式・頭脳トレーニング」とは

近藤　未来産業学部では、本当に未来産業を起こすような人材の輩出《はいしゅつ》、あるいは、新しいものを創意工夫《くふう》したり、発明したりするような人材をたくさん……。

糸川英夫　君らねえ、オーソドックスな、よそがやってるのを後追《あとお》いしたって、あんまり意味ないよ。

例えば、君ら、「ソニーやソフトバンクがつくったロボットをあとから追っていこう」なんて思っても、こんなの、あんた、資金力がないと負けるよ、完璧《かんぺき》に。

資金力と人材力がないと、完璧に負けだよ。

だからねえ、そんな大手企業《きぎょう》がやってるやつに、これから〝のっこら〟入ってくって言うたら……、これから、あんたら、あれだろう？　江戸《えど》時代のからくり人形かなんかの研究を始めるんだろう？　コストを安くするために。そら、なかなか追いつくのが大変は大変だぜ。

近藤　その意味で、「発想力」や「独創力」というのは、非常に大事かなと思います。

糸川英夫　やっぱりねえ、そうは言っても、基本的にニッチであって、よそがやってない隙間《すきま》を狙《ねら》っていかないと、新しいものは面白《おもしろ》くはないねえ。

近藤　糸川先生が、今、されたように、一つのものを見ても、「発想が膨《ふく》らむ」ということが、なかなかできなくてですねえ。

糸川英夫　それは、トレーニングだよぉ。

近藤　トレーニングですか。ああ、なるほど。

糸川英夫　トレーニングよ。とにかくねえ、工学部系、まあ、未来産業学部は理系の学生かもしらんけども、やっぱり、頭脳トレーニングが実に大事なので。基本的には、理系としての学習は要《い》ると思うけれども、雑学をねえ、徹底《てってい》的にやらせないと駄目《だめ》だと思う。「できるだけ、あんたが嫌《いや》なことでもいいし、好きなことでもいいけども、関係のないジャンルについて関心を持って、雑情報を空《あ》いた時間に集めてこい」と。

それで、まあ、本業の勉強は、やっぱり、きちんとすべきだけど、そういういろいろなものについて、「これは、何かヒントに結びつかないか」っていうのを、やっぱり考えないとねえ。

例えば、「ＡＫＢ48のスタイルをロケット開発に持ってきたら、何かできないか」とか、「ああいう総選挙型のものを、ロケット開発資金を調達する方法として何か使えないか」とかね。

まあ、そういうように、いろいろ考えて、新しい兵法を編み出していかないといけない。資金調達の方法から開発陣《じん》のつくり方、民間会社との提《てい》携《けい》の仕方、人脈のつくり方等のビジョンを、まずは、大ぼらでもいいから、いろいろなかたちでた

『AKB48 ヒットの秘密』
（幸福の科学出版）

くさん打ち出して、「こんなものをやってみたいんだ」みたいなので、やっぱり出さないと駄目。

シンガポールの「リゾート建築」のように面白《おもしろ》いことをやろう！

糸川英夫　日本なんか、建物はだいたいみんな、鉄筋コンクリートのような箱、木造なら、例の屋根が付いたもの。もう、こんなのばっかりだからねえ、全部。何にも面白《おもしろ》くない。

シンガポールへ行ったら、ビルの上に船みたいなのが載《の》ってて、そのなかにプールがあって、屋上で泳いだりしてる。まあ、「こりゃこりゃ」やってますよなあ、船を載っけて。それをシンガポールのシンボルにしてるじゃない。あれなあ。

東京であれをやれるかっていったら、まあ、どうせ、規制があるんだろうと思うし、「そんな、危ないです。そこから飛び降りたら、どうするんですか」とか、

「そんな、水着で屋上を歩かれたら困る」とか、いろいろ言うかもしらんけども、やっぱり、人を寄せようと思ったらさあ、ちょっと面白いことをしないといかんねえ。

だから、船型プールなんていうのは、そらあ、海辺《うみべ》にあるもんだと普通《ふつう》は思うかもしらんけども、高いビルの屋上を丸ごとプールにしてしまってさあ、船みたいにして観光名所にしてしまうっていうようなことを、シンガポールもやってるよなあ。

あんな、マーライオン一つだって、まあ、「世界三大〝面白くない〟名所」と

シンガポールのマリーナ・ベイに面したリゾートホテル「マリーナ・ベイ・サンズ」。
３棟のホテルが屋上の空中庭園「サンズ・スカイパーク」でつながっており、そこにある天空プールからはシンガポールの夜景を楽しむことができる。

か何とかっていう説もあるけど、いちおうライオンの口からパーッと水が飛んだりしてるし、あんなの一つだって、東京なんかつくりゃせんじゃない。だから、頭が固いんだよな。そういう芸術家や建築家はたくさんいるから、「何でもいいですよ。自由にいろいろ、やってもいいですよ。人を殺さなきゃいいですよ」と言えば、何でもやると思うんだけどさあ。

糸川博士が説く「理系」のための「アイデア増強法」

小林　もう少し、いろいろなタイプの人を混ぜて、ブレーン・ストーミングなどをやったほうがよい感じですね。

糸川英夫　そう、そう、そう、そう。だから、もっと頭をね、できるだけ柔《やわ》らかくしていって、自分の本業も関係あるけど、まあ、理系なら理系の関連分野もあって、文系の分野もあるし、芸術分野とかもあるので、できるだけ、いろいろなところに関心を持たないとね。

特に、工学系統の人たちは、基本的に、デザインイメージや、色彩《しきさい》イメージ等のほうのトレーニングは必要だと思いますねえ。

まあ、もとは大工《だいく》さんみたいなものですから、「いったい何ができるか。どういうものが見えるか」っていうイメージ訓練や、「二次元平面および三次元空間でどんなものができるか」っていうことを、できるだけ考えられるような訓練をしないと、やっぱり、これから先は使えないよ。今は、やれているものをやっても、たぶん廃《すた》れていくからさ。

小林　そうですね。エジソン先生なども、何か、雑誌を読みまくっていたと聞いていますし……。

糸川英夫　それは、もう、とにかく、アイデアはねえ、本当はたくさんあるんだよ。たくさんあるんだけど、結びつかないっていうか、気がつかないんでなあ。今の学問そのものが、もう、どんどんどんどん専門分化して、狭《せま》く狭くなっていくので、「これについては知っていても、よそは知らない」みたいな感じだけど、（アイデアは）全然、違《ちが》うところにあるわけよ。

4 「神様の発明」をモデルにデザインを考える

カブトムシ型の「空を飛ぶもの」ができたら面白《おもしろ》い

糸川英夫　例えば、私みたいな航空工学とかロケットとかいうと、やっぱり空を飛ぶ生き物なんかは全部調べなきゃいけないね。

小林　ああ、確かに。

糸川英夫　神様がつくったものとして、どういうものが空を飛べているのか。虫も飛んでる。トンボも飛んでる。戦闘機《せんとうき》なんか、あれは全部トンボだよ、もとはね。

カブトムシは、まだ飛ばせてないんだよ。トンボは飛んでるけど、カブトムシがまだ空を飛んでない。

トンボでしょう？　飛行機って。基本的にあのスタイルは、みんなトンボじゃん。ちっちゃいやつから旅客機《りょかっき》まで、トンボ型ですよね？

小林　そうですね。

糸川英夫　トンボがモデルになってると思うんですが、カブトムシみたいな、あんなものでも飛ぶわけですからね。「〝カブトムシ〟が空を飛んだらどうなるか」っていうことですけど、これは面白《おもしろ》いですよ。

小林　ああ、なるほど。まだ、やっていませんね。

糸川英夫　空は飛ぶが、これが、陸地に着陸したら、戦車に変わるでしょうね、おそらく。面白いものができるでしょうね。

小林　面白いですし、滑走路《かっそうろ》が要《い》りませんからね。

糸川英夫　そう、そう、そう、そう。

小林　ああ、面白いですね。

鳥が空を飛ぶときの「エネルギー効率」のよさは研究に値《あたい》する

糸川英夫　まあ、そういうふうに、すでにあるもの、神様がおつくりになったものを研究する。

空を飛ぶものは、あと、鳥ですね。鳥の、やっぱり、浮力《ふりょく》とかを研究しなくちゃいけない。

あんなのね、食べてるものは、ろくなものじゃないよねえ。鳩《はと》だって、豆を食ってるかもしらんけども、せいぜい、豆ぐらいで空を飛んでるわけですからね。まあ、豆以下のものも食べてる。ミミズを食べたり、ちっちゃな虫を食べたりして、それで、あなたねえ、渡《わた》り鳥なんていうのは、もう、北から南から、すごい距離《きょり》を飛んでいくわけですから、あのエネルギー源はすごいよねえ。

あのエネルギー効率を考えてみると、人間が使ってるガソリンとかさあ、そういうものでは、ちょっと、エネルギー効率に違《ちが》いがありすぎるような気がしてしかたがないね。

小林　では、ある種、気流に乗ったりとか、そういったところまで研究したほうがいいということですね。

糸川英夫　そう、そう、そう、そう。そういうことやね。だから、自分のエネルギーを使わなくても、（気流に）乗っていける、グライダー的に飛べる部分も、たぶんあるだろうし、彼らの頭脳のなかにあるセンサーに、そうした流体力学《りきがく》の計算が直感的にできるようなものが、本当に何か入ってるんだと思うんだな。

部屋のなかを「時速三百キロ」で飛ぶ乗り物ができたらすごい！

小林　「虫のなかには、反重力を使っている虫もある」と言われてはいるので、確かに……。

糸川英夫　うーん。そうなんだよ。ものすごい速度で飛び回ってる虫もあって、普通《ふつう》のカメラやレンズに映らない速度、時速三百キロで飛んでる虫がいるんだよ。

小林　はい。

糸川英夫　だから、それは、人間の目ではもう見えない。時速三百キロっていったら、まあ、飛行機みたいに遠くの距離で見りゃあ分かるけど、目の前を時速三百キロで虫が飛ぶと、まず見えない。

小林　そうですねえ。

糸川英夫　うん。まず見えない、その速度で飛ばれたらね。

これは、飛んでいるやつが実際に見つかってるわね。中南米《ちゅうなんべい》のほうに何か大きな穴があって、下まで下《お》りてる洞窟《どうくつ》がある。あそこなんかに特に多くいるって言われてるけども、時速三百キロで飛んでる虫なんで、映らないいんですよねえ。そ

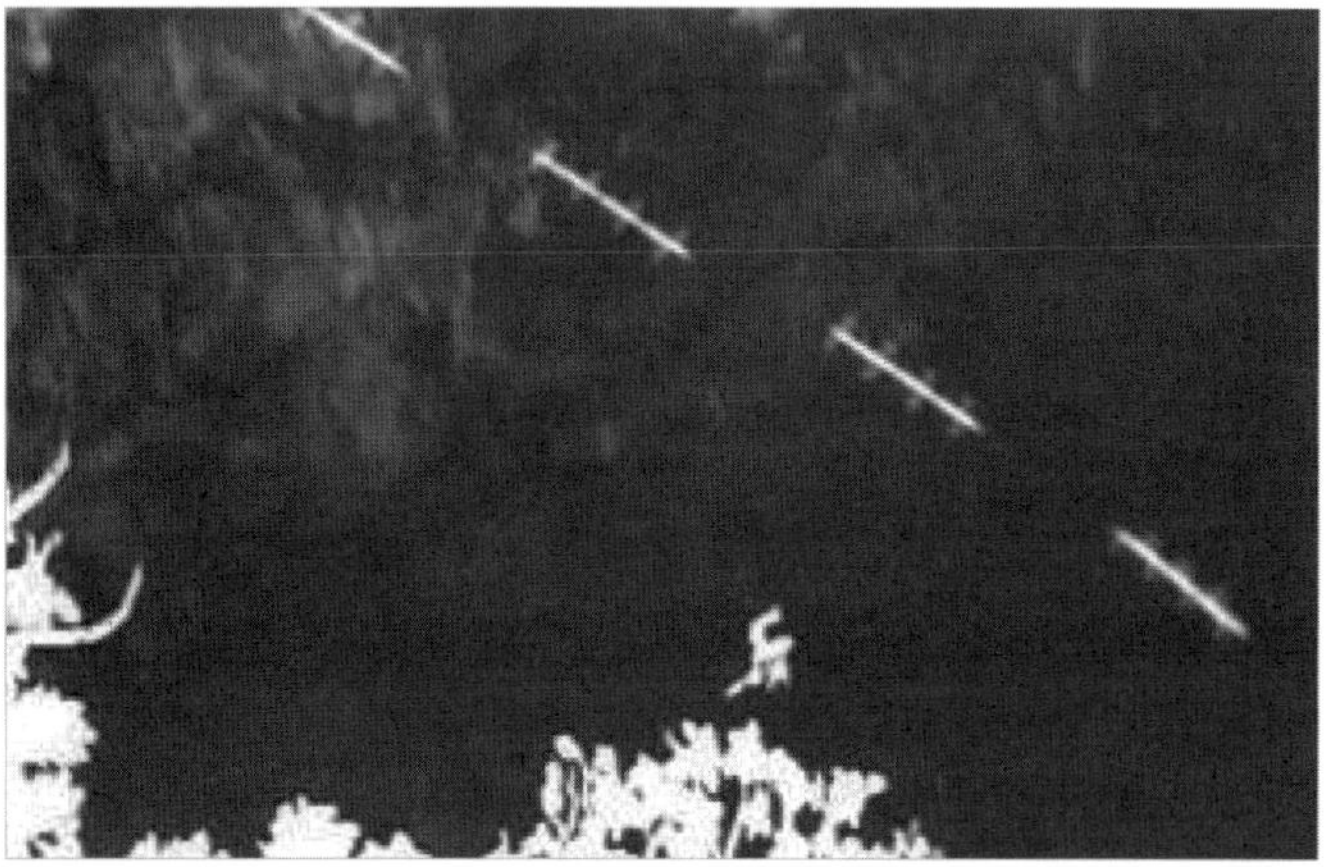

日本では「スカイフィッシュ」と呼ばれるUMA（未確認動物）。
海外ではその棒状の形態から「フライング・ロッド」と呼ばれることが多い。
数センチから数メートルの体長で、時速300キロほどのスピードで空中を飛んでいるとされる。（ホセ・エスカミーラ撮影）

れをどうやって捕獲《ほかく》するかっていうのを今実験してると思いますが、これだってすごいよね。
時速三百キロで飛ぶものが……、こんな短い距離の部屋のなかを時速三百キロで飛べるったらねえ。

小林　これは、すごいですねえ。

糸川英夫　これはねえ、それで、ぶつからないんだよ。ぶつかったら死ぬんだからね。

小林　ええ。

糸川英夫　これ、天井《てんじょう》にも壁《かべ》にも、あなたがたにもぶつからずに、首の間を抜《ぬ》きながら、時速三百キロで動く。

こんな乗り物ができたら、すごいことになりますよ。

小林　「一秒間に、この部屋のなかを何十周もしている」という計算になりますからね。

糸川英夫　これは、日本では、「六甲山《ろっこうさん》の辺りに、よく飛んでいる」と言われてるけど、いまだに死体が見つからないっていうのが不思議なんですよね。

小林　ああ。死体が見つからないのですか?

糸川英夫　うん、死体が見つからない。

小林　ははあ、なるほど、別の世界に行っちゃったみたいな……。

航空機・ロケットの研究は、「空を飛ぶ生き物」から学べ

糸川英夫　（映像を）グーッとスローに落としていったら、時速三百キロで飛んでいて、それだけの高速で飛んでいるやつが映ってるのが見えるんだけどね。みんな、まさか、そんなものが飛んでるとは知らないし、飛んでるのを捕《つか》まえることも、見ることもできないんだけど、超《ちょう》スローにしていくと映ってるんだよな。

例えば、それが、ピクニックをしていて、おにぎりを食べたり、お茶を飲んだりしている人の間を飛び回っているのに、まったく当たらない。

まあ、ハエも当たらないでしょう？

小林　ええ。

糸川英夫　ハエだって、飛び回っても当たらないし、ものすごい速度で飛んでるわけだけど、それより、もっと速い速度です。時速三百キロぐらいで飛んでるんですよ。まあ、半透明《はんとうめい》のものなんだろうと思うけど、そんなものがある。

こういう生物や鳥類などの空を飛ぶものの研究と、航空機やロケットの研究。これがまあ、構造的なかたちの研究、および、エネルギー効率の研究……。いや、やっぱり、その速度で飛びながら方向転換《てんかん》をかけられるって、これは、今のジェット機では、まず不可能なことでしょう。

小林　あと、知覚といいますか、物があって、それを避《よ》けるためには知覚しなければいけないので……。

糸川英夫　そう、そう。

ハエ型ロボットの「軍事的な活用法」

糸川英夫　あなたがたの首の間を、（手首を蛇行《だこう》させながら）こう回り、（聴聞者《ちょうもんしゃ》席を指して）あの人たちの間を回りながら、三百キロで飛ぶって、人間がつくった機械ならば、普通、衝突《しょうとつ》ですよ。

小林　そうですよね。

糸川英夫　まず衝突します。

小林　ええ。

糸川英夫　これだけの精巧《せいこう》なものをロボットでつくろうとしたって、そんな簡単にはできない。

例えば、ハエ一匹《いっぴき》、小さなロボットとしてつくることが、そう簡単にはできない。

まあ、胃カメラなんかもあるから、もし、小さなカメラを内蔵したハエ型のロボットがつくられたら、スパイ衛星代わりにスパイロケットとして使ったらいい。北朝鮮《きたちょうせん》であろうが、中国であろうが、〝ハエ〟を飛ばしてなかを偵察《ていさつ》しても、たぶん捕獲のしようがない。

家のなかまで入っていって、細かいところまで調べてくると、「なかの構造」

から「どこに誰《だれ》がいるか」まで、全部調べられる。

空挺《くうてい》部隊なんかが襲《おそ》ったりするときには、例えば、「サダム・フセインみたいな人がどこで寝《ね》てるか」とか、「習近平《しゅうきんぺい》がどこで寝てるか」とかまで突《つ》き止めることができる。

「ハエ型ロボット・ロケット」をつくったら、そういうこともできる。

自然界には、すでに出来上がっているデザインがある

糸川英夫　だから、こういうものをヒントにすればよくて、すでに、実際にいろいろある。

ほとんど、タンパク質とその他の成分で出来上がっていて、それが、ロボット以上の機能を果たしてる。

さらに、鳥だったら、豆や虫などの餌《えさ》を食べて飛んでるかもしらんし、「ハエ」

レベルのものだったら、いったい、何を食ってるかっていうと、もっと省エネだよね。もっともっとつまらないものを食べて、空を飛んでるはずで、それも、体の大きさから見たら、ものすごい距離を飛びますからねえ。

小林　そうですね。そういう意味では、参考にする材料はたくさんあるということですね。

糸川英夫　そう、そう、そう。

そういうものをねえ、やっぱり、もう少し……。まあ、例えば、ハエのデザインや、エネルギー効率の部分だね。

先ほど、カブトムシについても言いましたが、鳥もあれば、トンボもあるし、カモメもあれば、カラスもある。いろいろなものがあるけれども、そうしたものの〝原料〟となるエネルギー源とエネルギー効率。および、浮力や揚力《ようりょく》。その他、航続距離や羽の敏捷《びんしょう》な回転のスタイル。そのようなものを研究することだね。自然界には、デザインとしてすでに出来上がってるものがあるということなんだよ。

小林　ええ。例えば、推進力という点で言いますと、よく言われているのは、「ある種の魚は、ものすごい激流を上《のぼ》ってしまう」ということです。

糸川英夫　そう、そう、そう、そう。

小林　滝《たき》を、平気ですごい速度で上っていますが、あの上り方や推進力というのは、解明されているようで、されていない。推進力という意味で言えば、水中で泳ぐ魚のようなものでも、十分、参考になるところがあると思います。

過酷《かこく》な環境《かんきょう》下で生きる「深海の生き物」の可能性

糸川英夫　ほかにもさあ、生き物なら、海の底、つまり、海面から何千メートルの深海にもまだいる。例えば、カニにしても、その甲羅《こうら》は手の甲ぐらいの大きさだとして、これに何トンもの水圧がかかっている。

小林　そうですね。

糸川英夫　だけど、潰《つぶ》れない。これは、やっぱり不思議だよなあ。
　あるいは、深海の生き物が浮上してきたときに、まあ、爆発《ばくはつ》はしないまでも、なかには、膨張《ぼうちょう》してしまうものもあると思う。だけど、不思議なことに、深海の生き物が浮上してきても、まだ、いちおう、そのかたちを保ってるものは、かなりあるわけだよね。
最近は、「ダイオウイカが、たくさん浮《う》いてきてる」と言われてるけど、大きいやつは十五メートルぐらいもあります。あれも、何百メートルも下にいるわけだから、普通は、あのイカの体に、ものすごい水圧がかかってるはずで、八メートルとか十五メートルとかいうようなダイオウイカが水面まで浮かんできたら、爆発するぐらいの膨張になるはずなのに、まあ、死んだりしてはいるけれど、爆発するような膨張にはなってない。
これは、実に不思議な、弾力性《だんりょく》のある素材だね。

小林　そうですね。

糸川英夫　珍《めずら》しいものだよね。

小林　ええ。

糸川英夫　「いったい、これは何なんだ?」っていう……。

小林　そうですね。その素材自体にも無限の可能性があるといいますか……。

糸川英夫　そう、そう。自然界では、どういう装置で、それができてるのか……。例えば、実際に、ここにカニが歩いているとして……、まあ、九十九里浜《くじゅうくりはま》には、カニがたくさんいるんだろう? おたくの精舎《しょうじゃ》には、カニがたくさん這《は》ってんだよ(注。九十九里浜の一角《いっかく》には、幸福の科学の研修施設《しせつ》である千葉正心館《しょうしんかん》がある)。

小林　（笑）

糸川英夫　そのカニの背中に、ブロックを一つ載《の》っけただけで、カニは潰れるわな。

小林　ええ。

糸川英夫　それなのに、深海にいるカニは、何トンもの水圧がかかっても潰れないって、まこと不思議ですね。

小林　そうですね。環境《かんきょう》によって、圧力に対する抵抗力《ていこうりょく》が、自由自在に変わる素材というのは……。

糸川英夫　それを使えば、潜水艦《せんすいかん》ないし、その「しんかい６５００」だったか？　何だか知らんけども、ああいうもので、もっともっと底まで潜《もぐ》れるものをつくれる可能性もあるわな。

小林　宇宙船の素材にもなるでしょうし、いろいろなところに使えますね。

工学をやりながら生物も研究し、「発想の転換《てんかん》」を

糸川英夫　そういう、自然界にすでにあるもののなかにある発明、つまり、「神様の発明」をよく読み解く必要があるので、工学をやりながら、同時に、生物の研究も十分にしておいたほうがいいよ。

デザインや性能の研究をして、例えば、そういうものをつくれないか。そういうものを機械で表現したら、どんな素材になるのか。どんなエネルギーや、どんな機能が必要になってくるのか。

やっぱり、そういう発想の転換《てんかん》をしながらやっていくといいと思うね。

近藤　昆虫《こんちゅう》なども、優《すぐ》れた機能をたくさん持っているかと思いますので、研究を進めていきたいと思っております。

糸川英夫　そう、そう。たくさん持ってますよ。

あのチョウチョでさえ、ハリケーンに乗って、すごいところまで移動するんだろう？　何百キロ、いや、千キロ以上も移動したりすることもあるらしいからさ。実に面白いな。

まあ、ハエとまでは言わないまでも、アゲハチョウレベルの「虫型小型偵察機」がつくれたら、すごい威力《いりょく》があるよ。

梶　「生物と工学の融合《ゆうごう》」という点でいうと、バイオミメティクスという分野があるのですが、なぜかは分からないのですけれども、「工学で積み重ねていったものよりも、生物のかたちをまねたほうが、特性がもっと出てくる」という不思議な現象がどんどん出てきています。

糸川英夫　すでに、生き延びてきているものだからね。

梶　はい。本当に、「神の領域」というか、「神の偉大《いだい》さ」を発見するような領域が、どんどん出てきていますね。

古代生物の生存・進化も人類生存の一つのヒントになる

糸川英夫　それから、歴史的なものとしては、「考古学」とか、「地質の研究」とかとも関係があると思うけど、古代の生き物だね。

古代には、大型の生き物がいて、いろいろなことがあったと思うが、なぜ、そういうものが滅《ほろ》びて、今のものに変わってきたのか。そのあたりの環境の変化による適応の問題や、生存・進化の問題等も、一つのヒントになることはあるので、「今後、地球環境が変わっていったときに、人類は、どういうふうに適応をしていけば、サバイバルできるか」っていうような発想を持つことが大事だね。

幾《いく》つか、予想される事態があるからねえ。日本の危機や、世界の危機的なことが、幾つかあるけど、「人類は、どういうかたちなら、まだ生存可能なのか」とかね。

5　食糧《しょくりょう》・エネルギー問題を「逆転の発想」で解決

エネルギー問題解決の鍵《かぎ》は「二酸化炭素と水の使い方」にある

近藤　人類の危機という点でいいますと、これから、地球の人口は百億人にならんとしていますけれども、そのときに問題になってくるのが、食糧《しょくりょう》問題、あるいは、エネルギー問題だと思います。

これから、発展途上《とじょう》国でも、さらに、エネルギー消費が大きくなってきますので、これの争奪戦《そうだつせん》になりますと、戦争になったりもするかもしれません。

糸川英夫　いや、すでに火種《ひだね》になってるわね。

近藤　はい。そこで、エネルギー問題や食糧問題の解決策について、糸川先生は、何か新しい発想をお持ちでしょうか。

糸川英夫　まあ、原始的なものとしては、「山の木を切って、燃やす」っていうことで、薪《まき》にするのが原始的な〝あれ〟だろうけども、それでは、「ハゲ山」になっていくし、「CO_2（二酸化炭素）がたくさん出る」とか言ってるんでしょう。だから、エネルギーを消費して出てくるものとして、まあ、一般《いっぱん》的には、「CO_2」と「水」が出ることが多いんだろうけれども、発想の原点としては、「そういう〝排泄物《はいせつぶつ》〟として出るものは基本的にリサイクルして、次のエネルギー源に変えられないか」っていうところで、やっぱりそれが大事でしょうね。

要するに、「エネルギーを消費したあとのものを、また、エネルギーに戻《もど》す方法がないか」を考えていくことが、基本的には大事なんじゃないかと思いますけどね。

基本的には、CO_2やH_2O（水）の使い方で、これらから、次のエネルギーを、もう一回、リサイクルしていく方法を考え出すこと。

「CO_2が増えて、温暖化が進む」とか、一生懸命《いっしょうけんめい》言ってるけども、そう言わずに、やっぱり、CO_2をエネルギー源に変える方法を研究していくべきですねえ。それで循環《じゅんかん》させられれば問題ないわけですからねえ。

近藤　CO_2から発電するような技術も、少しずつ、開発がなされているようではあります。

新しいエネルギーを見つけるために必要な「逆発想」

糸川英夫　特に、宇宙では酸素とCO$_2$、水の問題が、ものすごく大事なことなので、水や空気などを、どうやってつくっていくかということだよね。

今、植物工場なんかもつくってるし、もちろん、ロケットのなかにも、植物工場がなければいけないとは思うけれども、「いったい、どういうかたちで、そのへんをつくっていくか」ということや、「どうやったら、長距離《ちょうきょり》の旅行に耐《た》えられるようなものになるか」ということも考えていかなければいけないだろうしねえ。

それから、新しいエネルギー源として、もしかしたら、宇宙から来る「宇宙線」のなかに……、まあ、「宇宙線」っていうのは、つまり、〝光線〟だよね。そのなかに、エネルギー源になるものがある可能性もあるわねえ。

　このように、「逆転の発想」を、どんどんしていかなければいけない。一般的に、「害があるもの」とか、「嫌《きら》われるもの」とか、「嫌《いや》がられるもの」とか、そういうもののなかに、何か新しいエネルギーがないかどうかを考えていかなければいけないと思うねえ。

　例えば、「オゾンホールができて、紫外線《しがいせん》が降り注ぐから怖《こわ》い」とか言ってるけど、「紫外線を何かに使える道はないのか」というように考えていく。

　そんなふうに、「逆転、逆転」で、全部、「逆発想」をかけていく必要はあるわなあ。

映画「ゴジラ」に見る、食糧《しょくりょう》を増やす方法

近藤　原発については、放射能の問題などもありますが、こういうのも、「逆転の発想」で「何かできないか」と……。

糸川英夫　もし、放射能で、「ゴジラ」ができるんだったら（会場笑）、巨大《きょだい》な食《しょく》糧《りょう》がつくれる可能性があるね。例えばな。

まあ、半分は「冗談《じょうだん》」と「思いつき」で言うてるから、科学者らしくないところは許してくれたまえ。

ただ、今度来る、アメリカ映画の〝ゴジラさん〟は、「水爆《すいばく》実験と称《しょう》して退治しようとした」とかいうふうな話らしいけども（映画「GODZILLA《ゴジラ》」二〇一四年全米公開）、もし、水爆実験で、イグアナみたいなものが、ゴジラぐらいまで大きくなるっていうんだったら、これは、〝ポップコーンの原理〟だよね、ほとんどね。要するに、「水爆で、ポップコーンみたいにパーンと弾《はじ》けて、容積がいっぱいになる」ということだから、食糧がものすごく巨大化することを、これは意味してるよねえ。

これは、ストレートに、そのとおりにはならないかもしれないけども、何かを触媒《しょくばい》にし、科学的刺激《しげき》を与《あた》えることによって、ポップコーン風に増える、つまり、食糧になる原材料が大きくなる可能性はある。

小林　高速増殖炉《ぞうしょくろ》というのは、ある種、そうですよね。使えば使うほど増えていくので……。

糸川英夫　そう、そう、そう、そう。

それもあるし、例えば、タイとか、あの辺の熱帯に近いところに、鯉《こい》とかを放して

「GODZILLA《ゴジラ》」（1998年公開）

「GODZILLA《ゴジラ》」（2014年公開）

1998年公開の映画「GODZILLA《ゴジラ》」では、イグアナが水爆実験で巨大化してゴジラとなったという設定だった。

おけば、三メートルぐらいまで大きくなりますからね。

小林　それについても、仕組みが解明されているようで解明されていないですねえ。

糸川英夫　だから、日本だと、三十センチから一メートルぐらいまでの鯉が、暖かいところだったら、二メートル、三メートルの大きさになるんでな。これは、食糧が何倍かになることを意味しますよね。

小林　そうですね。

タイなど東南アジアに生息するパーカーホ。コイ科最大の種であり、全長３メートル、重量300キロに達するといわれる。

糸川英夫　このへんの研究は、まだありうるよなあ。「水爆からゴジラができるんだったら、それに似たようなものは、ほかに何かないか」っていうことを考えれば、食糧は、つくることもできる。

小林　ええ。

食糧《しょくりょう》難の時代に対応した人類のあり方とは

糸川英夫　あるいは、どうしても食糧《しょくりょう》がないなら、もう一つとしては、「人間を小型化できないか」ということを考える。まあ、昔の時代にあったかもしれないけど、〝ホビット〟だな。「人間の〝ホビット〟化」っていうのもある。

そうしたら、エネルギーは少なくて済むから、「食糧難の時代には、〝ホビット〟になって生き延びよう。食糧が豊富になったら、また大きくなろう」っていうことで、つまり、〝スモールライト〟だな。ドラえもんの〝スモールライト〟じゃないけど、省エネ型で、小さくなって生き延びようということだ。

もしかして、これだったら、倍は生きられるとか、三倍生きられるとか、あるかもしれないわなあ。

「いや、別に構わない。知性が動いておれば、別に大きさなんか関係ない。機械なんかが働いてくれれば、そんなに筋力は要《い》らない」って言うんであれば、小さくなっても構わないし。

実際に、宇宙人のミイラとかで、（右手の親指と人差し指で十五センチぐらいの長さを示しながら）こんな小さいのが出てきたりもしたりするからねえ。本当

世界最小の爬虫類であるミクロヒメカメレオン（写真・指の上）。マダガスカル沿岸のノシ・ハラ島に生息する。体長はメスが29ミリ、オスは16ミリ程度にしかならない。島では生息域や資源量が制限されるため生物が矮小化することがあるとされる。

か嘘《うそ》か知らんけどさ（注。二〇〇三年に南米チリのアタカマ砂漠で、体長十五センチメートルの〝ミイラ〟が発見され、宇宙人ではないかと言われている）。

小さい宇宙人もあってもいいと思うよ。別に、「二メートル弱」っていうのが、宇宙の平均サイズだとは限らないよね。ものすごく大きいものもいれば、すごく小さいものもいるかもしれない。本当に小さくて、五センチとか二センチとかの宇宙人もいるかもしれないからねえ。

小林　「そういう宇宙人が目撃《もくげき》されている」とは言われていますけれども……。

糸川英夫　ええ。だから、地球が住みにくくなったら、小さくなるっていう手もあるわなあ。昆虫《こんちゅう》に食べられない程度にしないといけないとは思うけどね。

小林　確かに、環境を操作して、養殖《ようしょく》の魚の大きさを三倍や五倍にしてしまうことは十分ありうるし、できますね。

人口増加に伴《ともな》う排泄物《はいせつぶつ》の問題を解決する「逆転の発想」

糸川英夫　ああ。それに、もう一つ述べるとすると、先ほどの、「害になるもの、あるいは、不要だと思うものを再利用する」っていう考え方から見れば、やっぱり、人口が増えると、排泄物《はいせつぶつ》が増えてくるよな？

小林　ええ。

糸川英夫　つまり、糞尿《ふんにょう》が増えてくるけども、中国なんかは、それで、かなり公害にもなって、川とかがだいぶ汚《よご》れて悪くなり、飲み水にも使えないし、いろいろな用途に使えなくなってきている。飲食に使えなくなってきたりしてるけども、こういう排泄物等を、上手に……。まあ、これについても、技術はすでにあると思うが……。

小林　ええ、そうですね。

糸川英夫　再加工していくことによって、違《ちが》うものに変えていく技術が発達していけば、例えば、肥料にしたりするのは、もうすでに技術はあると思うけども、もっともっと道はあるんじゃないかねえ。

小林　ああ、ありますね。確かに、分子レベルに還元《かんげん》してしまえば（笑）、純粋《じゅんすい》無害《むがい》で、有用なものがたくさんあります。

糸川英夫　そうそう。

宇宙飛行士だったら、自分の尿だってもったいないからね。これを循環して再利用して、飲み水に変えたり、いろいろしている（笑）。まあ、地上ではみんな、「げっ!?」って言って、「もう勘弁《かんべん》」と、たぶん言うと思うけど、やっぱり、そういうふうに使わないと損だよねえ。

いや、リサイクル技術をもっともっと高めたり、あるいは、廃棄物《はいきぶつ》に当たるもののダイバーシティ（多様性）っていうか、多様な用途を、もっともっと研究していくと、それは非常に付加価値が高くなるねえ。

だから、今、福島原発の原子力の廃棄物の置き場がないんで、ギャアギャアと騒《さわ》いでるけど、ああいうのは、私みたいな人間が生きておれば、だいぶ違うと思うんだよな。やっぱり「発想の転換《てんかん》」「ブレーン・ストーミング」を徹底《てってい》的にやって、「発想を逆にできないか」と、もっと考えてみたほうがいいと思うよ。〝宝の山〟かもしれないからね、もしかすると。

小林　確かに、そうですね。

糸川英夫　それを嫌がって、「うちの村に持ってくるな！　あっち行け！」とか、世界中で、他の国にやろうとしたり、いろいろしてるけど、もうちょっと考えてみる必要はあると思うなあ。

だからねえ、基本は「逆転の発想」だと思うよ。「逆転の発想」がなければ、発明は生まれない。現にあるものを、あるように使って、見ているだけだったら、何も生まれないから。そうじゃなくて、逆《さか》さまにしてみたり、ちょっと逆に考えてみたりするところに、値打ちが出てくることがあると思うなあ。

小林　ありがとうございます。

6　未来の航空技術とエネルギーに関する新発想

地球の自転を利用すれば短時間で長距離《ちょうきょり》移動が可能

小林　少し、ずるい質問で恐縮《きょうしゅく》なのですけれども、ご生前の業績を拝見しましたら、東京大学で、「ハイパーソニック輸送機」の研究班を立ち上げたときに、「目標は、二十分で太平洋を横断することだ」と書いてありました。

糸川英夫　（笑）

小林　「おお、すごいなあ！」と思ったのですが、もし、本当に二十分で横断できたら、そこに乗っているパイロットなどは、通常の加速度の原理から言えば、生物学的にたぶん乗っていられない（潰《つぶ》れてしまう）のではないかと思うのです（笑）。それは当然お分かりの上で、あえて「二十分で太平洋を横断する」という目標を掲《かか》げられたと思うのですが、書きもの等には残っていないものの、もしかしたら守護霊様《しゅごれい》レベルでインスピレーションを降ろされていたのではないでしょうか。二十分で、ピョーンと太平洋を越《こ》えてしまう推進力を、当時出ていた通常ロケットの枠《わく》からはみ出すような「逆転の発想」で考えておられたのではないかと思うのですが。

糸川英夫　まあ、宇宙航行の原理から見れば、二十分ぐらいでアメリカに行けなければおかしいよね。本当は、その程度でね。

だから、地球は自転してますからね。地球が自転してるから、じっとしてても勝手に動いてくれるところもあるから、それを上手に利用すれば、移動しなくても、実は大陸横断や太平洋を横断できる可能性もあるんだよね。

小林　ああ……。

糸川英夫　地球は回転しているでしょ？　だから、上へ上がって、この回転の外側にいて、ちょっと待っていてから降りるだけで、実は、飛ばなくても行けることもあるんだよな。

小林　これは、すごい！　「回転して移動する部分」を利用するわけですね？

糸川英夫　地球の自転を利用して移動すればいいよ。〝勝手〟に、ものすごい速度で自転しているので、地球がせっかくコマみたいに回転してくれているのに、逆方向に行こうなんて思わないで、上手にその回転を、自転を利用すればエネルギーも移動距離《きょり》も非常に少なくていける。

例えば、上へ上がって、下がっただけで着地できる可能性はあるねえ。

小林　これはすごいかも！（笑）

糸川英夫　それは、ちょうどスーパーボールみたいなもので、ポーンと弾《はじ》いて、上がって降りてきたら、「ああ、アメリカに降りていた」ということになるわね。

小林　ああ。

糸川英夫　日本からポーンと跳《は》ねて、上がって降りたら、「ああ、アメリカだった」とか、そういうことがあるでしょうね。

考え方次第《しだい》で「未来の扉《とびら》」は開《ひら》く

小林　（近藤に向かって）要するに、ある種の引力とか、大気の流動性からフリーになればいいわけですよ。

近藤　そうですね。

糸川英夫　うん、そうそう。それなら、大したエネルギーは要《い》らないんですよ。だから、今の「円盤《えんばん》の原理」に少し近いかもしれないけど、やや反発して引力から出るところまで上手に上がらなきゃいけないかもしれないが、地球が自転するのをそのまま使って、そして降りればいい。これは計算さえできれば済むことで、もうコンピュータでも十分にできるはずですから。そのときに降りて、着陸だけすればいいわけです。

小林　そうですね。これはすごい！　これは公開したくないですね（笑）。この発想は百億円ぐらいの価値があります。すごいですね。

糸川英夫　だから、「エネルギーに乗せて飛ぼう」と思うところの発想が、まだ甘《あま》いんで。「地球が回転するのを待ってて、降りたらいいだけ」っていう考えであったら、まあ、あれだよねえ。

近藤　そのためには、「慣性の法則」で一緒《いっしょ》に回ってしまうところをフリーにするような、何らかの仕組みが必要かと思うんですが。

糸川英夫　そう、そう、そう、そう。できるでしょうね。考えればできないことはないでしょうね。それは「考え方」ですが、それがやっぱり、〝未来への扉《とびら》〟でしょうね。

自然にあるエネルギーは、まだまだ利用可能

近藤　新しい未来航空技術など、そのあたりはどうでしょうか。

糸川英夫　自然にあるエネルギーは使えるだけ使わないと損だと思うので、使えるだけ使った上で、どうやってそれを操縦できるかだね。

これは、そんなに難しい原理ではない。リニアが発明されている以上、原理的

には難しくはないんですよ、実は。

小林　ええ、そうですね。

糸川英夫　実は、ありえることなんですよね。

小林　あれ（超伝導）も、完全に解明されているわけではないのに、商用化して使ってます（笑）。なんで浮《う》くのか、分かっているようで分かってないですからね。

糸川英夫　あとは、まあ、ＳＦ小説家で「宇宙エレベーター」を書いてる人もいるけども、スリランカに住んでいた学者で、アーサー・Ｃ・クラークだっけ？

「宇宙エレベーター」っていう、なんか高度一万キロメートル以上まで上がっていくっていうのを建てる小説がありました。「バベルの塔《とう》」みたいですけど（笑）。

もし、そういう「宇宙エレベーター」みたいなのをつくったら、それでスーッと上がっていって、上の発着場からポンと出て、しばらく留《とど》まっておく。そして、別の国の宇宙エレベーターの上に降りて、上からまた降りてきたら、（目的地に）行けることになる。例えばね。

小林　行けますね。

『楽園の泉』（アーサー・C・クラーク）
地球と宇宙空間を結ぶエレベーター建設を目指す科学者の奮闘を描いた代表作。

糸川英夫　うん。エネルギーは非常に少なくて済みますね。もう一つは、（上空に）偏西風《へんせいふう》とか、いろんなものも吹《ふ》いているので、高度としては低いけど、この偏西風とかをもっともっと十分に利用する方法もあるわね。やっぱり、速度の部分は、飛行機も船も、まだまだかなあ。もっともっと上げないと、有用性がちょっと足りない感じはするねえ。
うーん、もったいない。生きる時間は有限だから、やっぱりもったいないね。隠居《いんきょ》した暇《ひま》な人は、一年かけて世界一周をしてもいいとは思うんだが、普通《ふつう》の人は退屈《たいくつ》だわな。退屈ですからね。

渡《わた》り鳥の生態に隠《かく》された「何らかの原理」

糸川英夫　ほかにも、「渡《わた》り鳥」の原理なんかを見れば、地球の何分の一かは知らんけど、かなりの距離を毎年移動してますからね。

小林　不思議ですね。

糸川英夫　あれはすごいことですよ。やっぱり、あのなかに何か、もうちょっと"楽な原理"があるはずですよ。おそらく、集団で飛ぶことによって何か違《ちが》った現象が起きるんじゃないかと思う。

小林　ああ、なるほど。

糸川英夫　個体で飛ぶんじゃなくて、集団で飛んでいるなかに、何か違ったものが生まれ

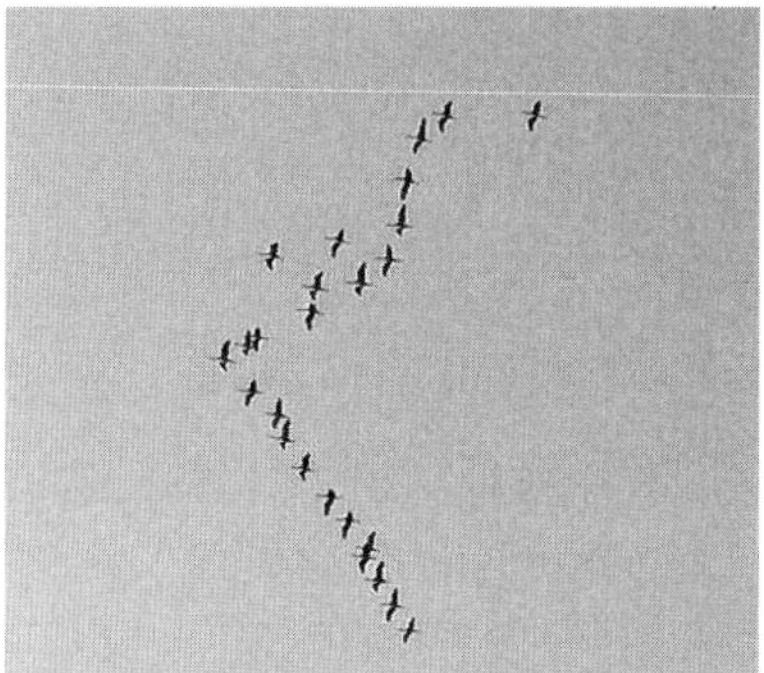

渡り鳥の編隊飛行
V字の隊列を組むことで、エネルギーを節約し、長い距離を飛ぶことができるとされる。

ている可能性はあると思いますね。

小林　ありえますね。これは、大きなヒントです。

糸川英夫　まだ、これは研究ができてない部分だと思うんだけどね。彼らがなぜ、方向性が分かり、気流や、いろんなものが読めるのか。雨風《あめかぜ》があっても飛んで行けるのか。やっぱり不思議ですよね。いやあ、もっともっと調べてみたいねえ。

小林　確かに、先頭が左に曲《ま》がったから一緒に曲がっているように見えますが、集団が一体となって動いているので、例えば、そこに百羽いるというよりは、百羽が何か同じものに乗っかっているような感じで動いています。

糸川英夫　そうそう。

小林　確かに、あれは解明の余地があるだろうと思いますね。

生物には、まだ解き明かされていない能力がある

糸川英夫　それと、おそらく、人間には、眠《ねむ》ってしまっている能力があるはずなんですね。

小林　はい。

糸川英夫　だから、彼らは鳥の分際で〝GPS《ジーピーエス》（全地球測位システム）〟を備えてると思われるけど、人間で〝GPS〟を備えてる人はそんなにいないよね。と

きどきいるかもしれないし、どこに行っても迷わないっていう人は、たまにいるから存在するかもしれないけども、（渡り鳥は）そういうものを持っているんだよね。

タンパク質と神経と、多少の骨ぐらいでできた生き物のなかに、いったいなぜ、そんな機能があるのか。何から割り出しているかだよね。

もし、北極星を見ながら飛んでいるっていうのなら立派なもんですよ。北極星とほかの星を見ながら三角測量して位置を確定してるとか、そういう高等数学を駆使《くし》して方向を決めているなら、ものすごいけどね。でも、たぶん違う原理が働いているとは思うけどね。

小林　例えば、ある種の、地球の北極と南極の間の磁力線《じりょくせん》を感知できたりしていて……。

糸川英夫　そう、そう、そう、そう、そう。だから、方向について、人間が分かっていない「何か」を感知している可能性はあるということだね。

引力は無限供給のクリーンエネルギーになる可能性がある

小林　そうですね。それを感知でき、キャッチできるなら、先ほどの宇宙線の話ではないですけれども、それをエネルギーに転換《てんかん》することも可能になってきますね。

糸川英夫　うん、そう、そう。確かにそうだなあ。
　だから、エネルギー問題なんていってもね、もうすでにあるのよ。地球の自転する力もあるし、引力なんていうのはもう無限にあるよね。これは磁石ですから。

地球自体が磁石で、とにかく物を下に落とす力、吸いつける力があるわけなので、引力そのものがエネルギー源になるわけですよ。

「引力をエネルギーに変える方法」を考えれば、無限にエネルギーが取り出せるし、かなりクリーンなエネルギーが出る可能性があると思いますね。

小林　究極のクリーンエネルギーですね。

糸川英夫　引力をエネルギーに変えられたら、たぶんクリーンエネルギーになると思いますね。

でも、このエネルギーを使ってるのは後楽園《こうらくえん》（東京ドームシティ）ぐらいでしょ？

小林　（笑）

糸川英夫　後楽園のジェットコースターみたいなもの（スーパーバイキングソラブネ）で、エネルギーを使わずに、振《ふ》り子みたいに、行ったり来たりしてるから、かなりの省エネ候補だと思いますが、どうでしょうかねえ？（右腕《うで》を振り子のように振りながら）実際、計算で行けるところまでこうしながら、だんだん止まっていくんだろうけど、あれは十分に引力をエネルギーとして使っているわねえ。

小林　そうですね。

糸川英夫　ただ、〝遊び道具〟としては使ってはいるけれども、もう一段使える可能性はあるでしょうね。

だから、そのような「自然界にあるもので、無限に供給が可能なもの」からエネルギーを取り出す方法を考えるといいと思いますねえ。「何かを燃やさなければいけない」とか、そればっかり考えているようじゃ、やっぱり頭が悪いと言わざるをえないですね。

小林　ありがとうございます。

7　宇宙技術は宇宙人から聞き出すほうが早い!?

宇宙航行技術進歩のための「逆発想」とは

小林　また、ずるい質問になってしまうのですけれども（笑）。

糸川英夫　ええ。

小林　今、お話しくださった「引力や重力をコンバート（転換《てんかん》）する」という、ある種、それを使って、反発力などでヒュッと太平洋を十分ぐらいで横断してしまう力というのは、おそらくつくれると思うのです。

糸川英夫　うん。

小林　まあ、かなりの速度で、例えば、ニューヨークまで二十分で行くとか、そういうところまでは、私も幸福の科学大学の未来産業学部で、できると思っています。

過日、ある宇宙人といいますか、宇宙霊《れい》の方をお呼びして、お話ししたときに、ファースト・ステップとして、「地球人の自助努力として、まず、土星などの他惑星《わくせい》に植民都市がつくれるくらいのところまで頑張《がんば》れ」というコメントがありました。そうすれば、スペースブラザーズのほうから、「だいたい、いいところまで来たな」ということで、その後、技術協力のアプローチがあるらしいので、「まずは、そこまで行け」というアドバイスがあったのです（二〇一四年一月二十九日収録の「宇宙人リーディング――宇宙の中央管制室キーマスター・蟻《あり》型ダース・ベイダー編――」参照)。

その場合、地球の重力圏《けん》では、それを反発力（反重力）に転換してマッハ数千とかで飛び出すことは可能だと思うのですけれども……。

糸川英夫　うーん。

小林　ただ、惑星や衛星の重力圏ではないところまで行くと、そこでは今のロケット技術ですと、例えば、土星まで四年はかかってしまいますので。

糸川英夫　うん。

小林　四年や五年もかかると、これでは、全然、商業ベースに乗りません。せめて、これを一カ月とか、二、三週間とかで行こうとすると、地球を飛び出して、月を通り越《こ》していくあたりまでは行けると思いますが、その先の、周りに星がないところを行こうとすると、無理があると思います。そこを短時間で飛んで行こうとしたときに、どのような技術的飛躍《ひやく》が必要なのでしょうか。何かヒントをお教えいただけるとありがたいです。

宇宙人を捕《つか》まえる〝ネズミ捕《と》り〟を仕掛《しか》けるべき

糸川英夫　僕《ぼく》の発想は、君らなんかと、ちょっと違《ちが》うんだよなあ。君らは、土星に飛んで行くことを考えてるけどさあ、僕なんか、そんなふうに考えないんですよね。

まあ、君らの霊査《れいさ》によれば、「実際に宇宙人は存在して、地球に飛来している」

と。これは、ぜひとも、みんな、捕《つか》まえてほしいっていうか、証拠《しょうこ》が欲《ほ》しいところだよな。ほんとはな。

まあ、上野《うえの》動物園に入りたくないから、彼らも一生懸命《いっしょうけんめい》に逃《に》げ回ってるんだろうと思うが、「地球に関心を持ってやって来てる」っていう意味では、「関心を持ってる」っていうところが向こうの弱みだわな。だから、夜中に地球に来て、あなたたちをさらっていっては、人体実験をしてるっていう、そんなのまで出てるんだろ？　向こうが、わざわざ部屋のなかまで入って連れにきてくれるっていうんだったら、これは、捕まえようと思ったら、捕まえられんことはないわけであって。

小林　宇宙人リーディングや科学者リーディングを行うと、だいたい、科学者の方の九割は、そうおっしゃるんですね。ということは、要するに、「やりなさい」

ということかなと思うんですけれども。

糸川英夫　だからねえ、〝ネズミ捕《と》り〟なんだよ、君。〝ネズミ捕り〟を仕掛《しか》けるんだよ。だから、「部屋のなかまで来てさらってくれる」っていうんなら、〝ありがたい〟話です。向こうから来るんですから。「こっちから、円盤《えんばん》を追いかけていって捕まえる」っていうのは大変ですよ。

小林　はい。

糸川英夫　逃げ方がすごく速いから、すぐに捕まらないですよ、あれは。だけど、「向こうから来る」っていうんなら、これはありがたいんで。〝餌《えさ》〟になる人間がいるんでしょう？　よく狙《ねら》われるようなタイプの人間が。ここを狙ってきたときに、ネズミ捕りの原理で、入ったらパチンと下りて出られないようにする方法を考えて、捕獲《ほかく》すればいい。「解放してほしくば、技術を提供せよ」ということで、こちらから入手するほうが、早いのは早い。

小林　では、大学が開学したら、それをやっていいんですね（会場笑）。それをやっていいのか迷っていたんですけれども（笑）。

糸川英夫　いやあ、ＵＦＯを飛ばす前にね……。だから、ＵＦＯを飛ばすには、「金」と「時間」がかなり要《い》りますよ。ＵＦＯを飛ばす場合に、「ＵＦＯを実際に飛ばして来ているやつがおる」っていうんだったら、まあ、ちょっと、ずるいかもしらんけども、捕獲するほうが早いことは早いよなあ。

小林　「宇宙協定違反《いはん》かな」とか、「リエント・アール・クラウド様から怒《おこ》られるかな」とか、いろいろと考えていたんですけれども。

糸川英夫　いや、そんなことはない。接待すればいい。下で接待を。

小林　はい。接待すればいいですね。

糸川英夫　接待すればいいわけだから。ネズミを捕まえるネズミ捕りがあるわけだから、〝宇宙人捕り〟っていうものを、どうやったら、つくれるかを考えればいいわけです。

すでに、さらわれた人がいっぱいいるんでしょう?

●リエント・アール・クラウド　約7000年前の古代インカの王。エル・カンターレの魂の分身の一人であり、実在界において、他惑星との交流に関して責任を負っている。

小林　はい。

糸川英夫　そこに、また来る可能性はあるわけだから（笑）、その〝ネズミ捕り〟を仕掛ければいいわけよ。見事に引っ掛かって捕まるように。

まあ、少なくとも、異次元空間を通ってる可能性はあるけれども、この世の人間を連れていくときに、物質化してる瞬間《しゅんかん》があるはずですから、その物質化してる瞬間に、これを〝ネズミ捕り〟のなかに封印《ふういん》する方法を考えてしまえばいいわけですね。私だったら、〝ネズミ捕り〟づくりに入りますね、完璧《かんぺき》に。

小林　なるほど。分かりました。

宇宙人が異次元へ逃《に》げられない方法を考える

梶　具体的には、宇宙人が好むものとか、そういったものでトラップにかけて……。

糸川英夫　だから、好む女性とか、好む男性とかがいるんじゃないの？　この前も、誰《だれ》かねえ、宇宙人が好む肛門《こうもん》を持ってる男性もいたらしいじゃないですか（『「宇宙人によるアブダクション」と「金縛《かなしば》り現象」は本当に同じか』（幸福の科学出版刊）参照）。

『「宇宙人によるアブダクション」と「金縛り現象」は本当に同じか』（幸福の科学出版）
第１章に、宇宙人による医学的実験の際、肛門に特殊器具を挿入された男性の体験が掲載されている。

梶　はい（苦笑）。

糸川英夫　だから、肛門に何か、棒《ぼう》みたいなのを突《つ》っ込《こ》んで、グリグリされたとか。宇宙人にも変態がいて、そういう趣味《しゅみ》の人がいるから、特殊《とくしゅ》な肛門を持った男性が好きなんだろうよ。こういうのが〝餌〟だよね。そういう〝餌〟を逃《のが》す手はないよねえ。やっぱり、〝餌〟による〝ネズミ捕り〟が必要です。

だから、「異次元ホールみたいなのを使って逃《に》げ出してしまわれないようにするには、どうしたらいいか」っていうところの研究は多少要るわけね。

現象化してきたときは、捕まえられるはずなんですよ、たぶんね。いわゆる、「E《イー》.T《ティー》.」、あるいは、「グレイ」といわれるような小さなやつは、要するに、体力的には、人間の大人の男性と格闘《かくとう》したら負けるぐらいの体力だといわれているから、三次元的に捕獲した場合はできる。レスリングの選手ぐらいであれば、十分に捕まえられるぐらいのもんだろうと思うので、その異次元ホールのほうに引っ張っていかれないようにする、遮断《しゃだん》方法をつくらなきゃいけない。

では、「いったい何を使ったときに、その異次元ホールが通用しなくなるか」っていうところだね。

これは、あれだよ。アメリカの大統領機・エアフォースワンが使っているような、ミサイルで狙われたときに、このミサイルが当たらないようにする方法とかをいっぱい持ってるよ。ジャミング（電波妨害《ぼうがい》）っていうか、なんか、いろんなものを流して、吹《ふ》き流しみたいなので電波妨害してミサイルが当たらないようにするようなものとか、いっぱい持ってるね。当たらないようにするね。なんか、ミサイルとかが当たらないんだよね。

あんなのがあるように、そういう「異次元ホールを使って行き来したり、吸い上げようとするものを遮断できる方法」を考えればいいわけですよね。

小林　はい。それはあります。

糸川英夫　（宇宙人は）「犬の声が怖《こわ》い」とかいう話まであるぐらいですから、犬の鳴き声、人工の鳴き声を発射して、周波数を妨害すれば、彼らの異次元移行ができなくなる可能性だってないわけではないですから。

例えば、宇宙人が〝ネズミ捕り〟に引っ掛かったら、いきなり、「ワンワンワンワン」と犬の鳴き声がいっぱいかかって、彼らが精神統一して異次元移行することができないようにすれば、彼らは、そこから出ることができなくなるね。そういうふうなものを考えるわけだね。

だから、「帰してやってもいいけど、その前に航行方法について伝授せよ」ということだな。「そうしたら帰したる」ということで。

土星に行く技術は、宇宙人に教えてもらうほうが早い

糸川英夫　たまたま、幸福の科学のほうでは、今、チャネラーを養成中であるからして、チャネリングをできる人が出てきたら、たぶん、会話が可能なのでね。会話することはできるので、彼らの考え方を聞き出すわけです。

これはすでにですね、アメリカでは、「『エリア51』とかでやってるんでないか」と言われてるわけだから。宇宙人が来てやってるんで、彼らもいろいろ研究してるんじゃないかと思う。宇宙人から情報提供を受けてるんだったら、こちらも、やっぱり、ゲストとして呼ぶ必要はある。

まあ、最初は〝ネズミ捕り〟を考えるけど、ゲストで来てくれるんなら、それもいいと思うんだけどねえ。逆に、さらわれて連れていかれる可能性もあるから、そのへんについては、ちょっと保証の限りではないんだけども。

うーん、でも、もったいないじゃないか。土星に行く技術を開発するよりは、土星から地球に来られる人がいるんだったら、その技術を教えてもらうほうが、私としては早いような気がするねえ。

だから、「エイリアン・アブダクションが流行《はや》ってる」っていうんなら、向こうは、たぶん、狩《か》りを楽しんでるような感じで、キツネ狩りみたいにやってるんだろうから。さらっていって調べたりするのは、たぶん全部が全部、合理的な活動だとは思えない。やっぱり数から見て、私は、遊びの一種も入ってると思う。

アメリカで数百万件のエイリアン・アブダクションがあるっていうけど、そんなにねえ、調べるのに実験が要ると思えない。あれは、眠《ねむ》ってるうちに、気づかれずにアブダクションしてきて、いろいろ調べたりするけど、若干《じゃっかん》、ハンティング風の遊びが入ってる。遊びなんじゃないかねえ。たぶん、遊びが入ってると思うんだよ。科学技術が優《すぐ》れてるから、人間を手玉《てだま》に取る遊びをやってると思う。

まあ、そういう夏休みの遊びをしてるようなやつの何人かを〝ホームステイ〟させることは、構わないんじゃないでしょうかねえ。宇宙協定に反しないんじゃないかねえ。

小林　はい、分かりました。ありがとうございます。

糸川英夫　うん。

8　宇宙人の侵略《しんりゃく》は、過去、何度も起きている

人間より弱い体で宇宙空間を移動できる宇宙人

近藤　未来産業学部で、〝宇宙人ホイホイ〟か何かを使って……（笑）（会場笑）。

糸川英夫　〝宇宙人ホイホイ〟ねえ。だから、何に引っ掛《か》かって吸い寄せられるんか、なんで脱出《だっしゅつ》ができなくなるんかを考える。

近藤　ちょっと研究してみます（笑）。

糸川英夫　いや、あれだけ目撃《もくげき》例があるんですからねえ。「捕《つか》まえられない」っていうのは、やっぱりねえ、それを捕まえようとする努力がないからだと思いますねえ。「本気にしてない」「宇宙人なんかいない」なんていう勢力が強いから、そういうふうにならないんです。本気でちゃんと、〝ホームステイ〟してもらおうと思えば、〝ホームステイ〟は可能です。

それで、〝餌《えさ》〟というか、〝獲物《えもの》〟になる人は志願兵《しがんへい》みたいに募集《ぼしゅう》して、〝獲物〟になっても構わない。「その代わり授業料が免除《めんじょ》の特典が付くから、宇宙人の獲物になってくれないか。君を好きでなくて、一週間たっても来てくれないようなら解放する」とかね。まあ、その場合、なるべく親も、そういう「宇宙人カルト」になってる人がいいとは思いますけども。

まあ、私だったら、九十九里浜《くじゅうくりはま》で宇宙人の捕獲《ほかく》に入るなあ。絶対、もうすでに（宇宙空間の移動技術を）持ってるのは間違《まちが》いないので。きっと行けると思う。これを研究してたら、千年かかったりして、たまんないからねえ。

まあ、（宇宙人は）いちおう、肉体的なものを持ってはいる。脆弱《ぜいじゃく》かもしれないが持ってはいるね。普通《ふつう》は、人間の体で宇宙に出た場合、すごく体が弱って、帰ってきてからリハビリする時間がかかるけど、もっと弱い体でもって宇宙空間を移動してるっていうことだ。

そうであれば、東京とニューヨーク間を二十分で行くにしても、それから宇宙に行くにしても、今の宇宙飛行士のようなすっごい訓練は要《い》らない。今は、訓練に訓練を重ねて、プールのなかで訓練するし、それから帰ってからもリハビリしてるし、健康管理とかもものすごく大変じゃない？　だから、宇宙飛行士には、そんなに簡単になれなくて、英雄《えいゆう》みたいになってる。

こんなんじゃなくて、簡単に、「どこでもドア」みたいに行けるようにしていかないといけないと思うんだよね。あのへんの体のつくりから見ると、そんなに頑丈《がんじょう》なつくりではないので、頑丈でなくても行けるはずなんですよねえ。このへんは、やっぱり知りたいねえ。

文明と人種の入れ替《か》わりに関係がある「宇宙人の大量移住」

近藤　そういう、宇宙を動く技術だけではなく、宇宙人のなかには、地球を侵略《しんりゃく》しようとする「悪質な宇宙人」もいて、攻撃《こうげき》とか……。

糸川英夫　過去、（宇宙人は）何度も来ているから。過去、何度も来て侵略をしているのでね。そのたびに、人種の変動が起きてるので、今は、「第七文明」といわれてる。文明期として大きく分けりゃあ、「七番目の文明」といわれてて、「繁栄《はんえい》してた文明が滅《ほろ》んで、人種も滅んで、入れ替《か》わってる」とだいぶ言われている。たぶん、それは、宇宙人の大量移住なんかと関係があるだろうと思う。

だから、新種は生まれてると思うよ、何度も何度も。今の考古学で発見されてるような人間の祖先は、何百万年か前ぐらいまで出てきてる。二百万年前とか、四百万年前とか知らないけど。まあ、出てきてるんだと思うけども、それより前の文明もいっぱいあって、明らかに、今の人類とは違うものだろうと思う（『「宇宙の法」入門』『神々が語る　レムリアの真実』（共に幸福の科学出版刊）参照）。

だから、宇宙から来てる「宇宙種《しゅ》」が、地球に適応するかたちで住んだことは、過去、幾《いく》らもあるはずなんです。まあ、これは、私の領域じゃな

『「宇宙の法」入門』（幸福の科学出版）

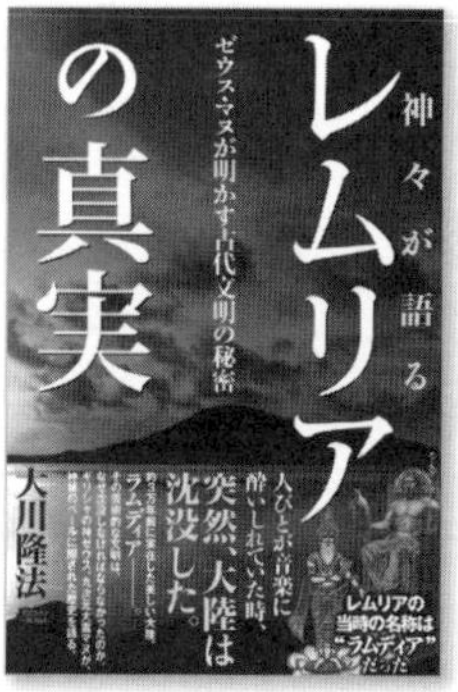

『神々が語る　レムリアの真実』（幸福の科学出版）

くて、大川隆法さんのほうの「宇宙人リーディング」をもっともっと本気でやらないといけないのかもしれないけど。たぶん、そういうのがあるし、侵略云々《うんぬん》言うけど、本気でやろうとしたら、いつでもできる状態なので。

だから、今の文明期が終わるまでは、本気でやらないのだろうと思うし、文明期が終わる時期が来たら、侵略に当たるかどうかは知らないけれども、他の宇宙種のものが地球に降りてきて、住めるようにし始めるんだろうと思う。過去、それは、何度か起きていることなのでね。それについては、神様のご裁量《さいりょう》の範囲《はんい》なので、ちょっと、こちらには分かりませんけどね。

まあ、本気になれば、いつだって、今だって、地球を占領《せんりょう》できるはずです。しないのは、その時期じゃなくて、文明実験として、今の人類が、どのくらいまで進化していくかを見ているんだと思うんですよね。まあ、それが、ソドム・ゴモラ化したり、「先がなくなった」と見たら、変わってくるようになるんじゃないかねえ、きっとね。

9 「戦争はサイバー攻撃《こうげき》が主流になる」と予測

科学者として、中国の無力化を考えるのは当然のこと

近藤　そういう、地球と宇宙についてだと、大きな話になりますが、地球のなかで見ますと、国同士の戦いなどがあります。特に、日本では今、法律（特定秘密保護法）についていろいろと問題になっていますが、国防関係にも技術というものが必要になってくるかと思います。このあたりについて、糸川先生は、何かアイデアをお持ちでしょうか。

糸川英夫　うーん。何だか見てて（舌打ち）「かったるい」っていう感じかなあ。

「かったるい」というか、「もう、どうなってるんだろうかな」っていうぐらい、なんか、日本人も一回滅《ほろ》ぼしたほうがよくなってきてる。人種を入れ替《か》えたくなってくるようなところがあることはあるねえ。私たちの時代の日本人とは、ちょっと違《ちが》う種類がだいぶ生きてるような……。こんな日本人だったっけなあ……。何かねえ、おかしいような感じがするな。

防衛することが、そんなに悪いことなの？　それが議論になるの？　さっぱり分からないんで。その細《こま》かい法律なんかを言ってやってるけど、おかしいんだよねえ。報道とかもね。「中国がここを占領《せんりょう》しようとしてる」だの、いろんな議論になるし、片方では「集団的自衛権反対！」とか、「そういう戦争に巻き込《こ》まれる」とか言ったり、なんかちょっと、頭がおかしいんじゃないの？　日本人は今。なんか発狂《はっきょう》してるようにしか、私には見えないんですけど。おかしいんじゃないかねえ。

私たちから見たらですねえ、「零戦《ゼロせん》が強いうちは零戦で撃《う》ち墜《お》としてたが、零戦が負け始めたら、次のものを開発する」っていうのは、当たり前のことで、当然のことですから。

つまり、「中国が、アジア太平洋圏《けん》の支配に入ってる」っていうなら、「それをさせないようにするには、どうしたらいいか」と考えるのは、科学者としては当然のことであって、「どうすれば向こうの支配圏、支配力を無力化できるか」っていうことを考えますよねえ。当たり前ですよねえ。

だから、向こうが持ってない高度な技術の開発ですよねえ。これに尽《つ》きるわな、ほとんどね。

中国からの電子機器類への攻撃《こうげき》をどう防ぐか

糸川英夫　まずは、今、中国がやってるのを見れば、アメリカをはじめ、いろんなところを〝ハイジャック〟して、人民解放軍が電波ジャックしたりして、とにかくコンピュータ系のほうを誤作動させる方向で、アメリカの攻撃力《こうげきりょく》を抑止《よくし》しようとしているのが見えるね。見えている。

だから、「中国人民解放軍には、三十万人ぐらいのサイバー部隊がいる」と言われてるけども、三十万人ぐらいの、そういう〝コンピュータハイジャッカー〟みたいなのが、いっぱいいいるわけですよ。世界各国に侵入《しんにゅう》して、狂《くる》わせようとしているのがいるわけです。これを軍隊でやってるわけです。

たぶん、アメリカでも、そこまでは用意してないと思いますね。民間のほうに、そういうものは、かなりいるだろうけど。まあ、軍やCIAにも少しはいると思うけど、三十万人も養ってはないとは思う。

まず、中国の先制攻撃は、いわゆる電子機器類を使わせないようにする攻撃で、人工衛星を機能させない。コンピュータも、スマホも、携帯《けいたい》も、みんな使えないいようにしていって、そちらの遮断《しゃだん》から入ってくるはずなんですよね。

だから、これを無力化する。まず、向こうの攻撃を無力化するものをつくらなきゃいけないね。〝ハイジャック〟して、電波ジャックして、電子機器類を全部動かせないように無力化するのを、まずは狙《ねら》ってきますから。それは、〝ハイジャック〟するものを逆探知して攻撃する兵器だから、人の血は一滴《いってき》も流れませんよ。血なんか流れませんよ。〝ハイジャッカー〟を逆探知して、そちらのほうを目茶目茶《めちゃめちゃ》に壊《こわ》してしまう「撃退ウイルス発信装置」をつくっていくことが大事ですね。そうして、妨害《ぼうがい》をやめさせる。

（中国が）いちばん気にしてるのは、第七艦隊《かんたい》と日本の自衛隊にあるんですけれども、イージス艦の機能。「イージス艦の機能を、どうやって早く失わせるか」っていうことを、今、向こうはいちばん研究してるはずなんですね。

つまり、これを妨害して機能させないようにするものを潰《つぶ》す兵器ですね。

だから、もうほとんど、「目に見えない世界」での戦いになります。血なんか一滴も流れませんよ。相手の機能を麻痺《まひ》させてしまったら、もう戦争にならないですから。もうジェット機一つ、なかなか飛びませんから。成田《なりた》や羽田《はねだ》の飛行機だって、管制塔《とう》の管制官が誘導《ゆうどう》できなかったら、降りられないぐらいですから。

まあ、そういう電波系統で向こうの性能を何倍も凌駕《りょうが》するものをつくっていけば、攻撃兵器としてはいけるはずなんで。これは、たぶん、私よりも、もうちょっと得意な人がいると思う。そういうものを平和裡《へいわり》に開発していけば、いざというときに、あっという間に、向こうが何にも機能しないっていう状態になって、「手漕《こ》ぎのカヌーで攻《せ》めてくる」なんていうような状況《じょうきょう》になるかもしれないねえ。

他国からのミサイル脅威《きょうい》を平和裡《へいわり》に解決させる方法とは

糸川英夫　だから、まずは、ここが先制攻撃ね。まず、ここのところが守れたら、通常兵器ぐらいの戦いだったら、十分、勝ち目もあるとは思う。

あとは、まあ、原爆《げんばく》系統のやつもあると思うけども、やっぱり、これも、電子機器類を操作する力が上回れば、相手のほうは、大陸間弾道弾《だんどうだん》でも何でも、ほとんどは誘導弾ですから、使えなくなってくると思いますね。

小林　そうですね。（近藤に向かって）国費で受注するか（会場笑）。たぶん、そんなにお金はかからないはずなんですよ。

糸川英夫　うん、そう。

小林　自前《じまえ》でお金を用意したら大変ですけど、政府は欲《ほ》しいでしょうから。

糸川英夫　うん。北朝鮮《きたちょうせん》みたいに原爆付きのミサイルをつくったら、目立って大変なことになるけど、それがまともに飛ばないようにすればいい。

小林　ええ、そこを、先ほどの宇宙人の話でいいますと、「アメリカの大陸間弾道ミサイルの基地の上にＵＦＯが現れて、ミサイル基地の機能が全部停止した」という事例は、もう何回もあります。

糸川英夫　この前も隕石《いんせき》を破壊《はかい》してるでしょ？（二〇一三年二月、落下する隕石が、ロシアのチェリャビンスク州上空で複数の破片《はへん》に分裂《ぶんれつ》した）

小林　ええ。

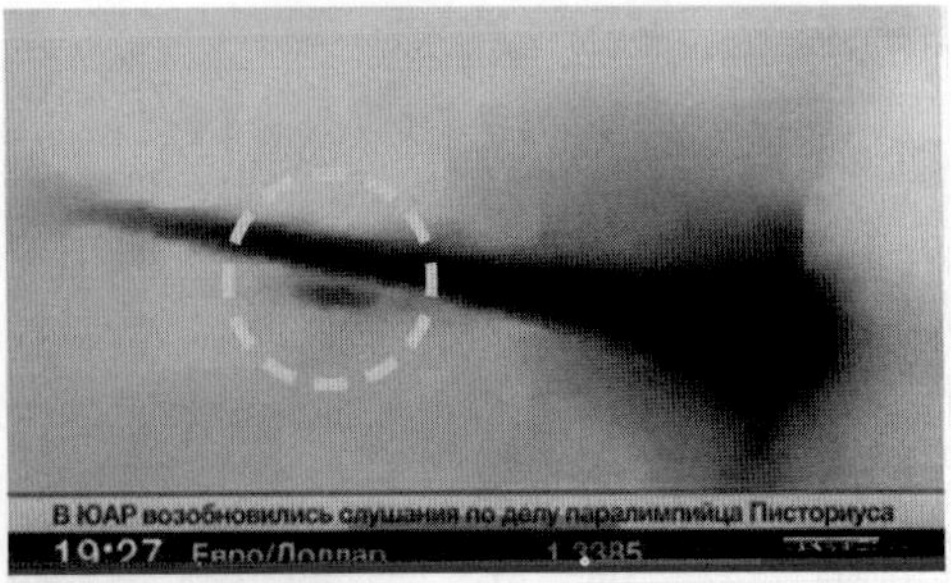

①何か飛行物が隕石に向けてぶつかろうとしている。

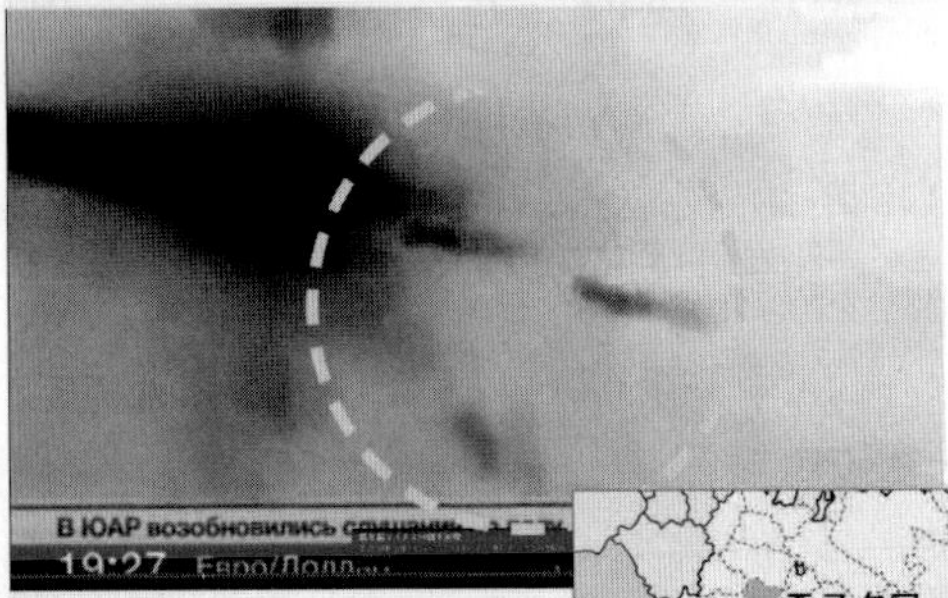

②次の瞬間、隕石が砕け散っている。

左の写真は、チェリャビンスクの上空で爆発し、光を放つ隕石。

謎の爆発を起こしたチェリャビンスクの隕石。2013年2月15日、ロシアのウラル地方のチェリャビンスクに直径17メートルと推定される隕石が落下してきたが、上空で爆発したため、大惨事を免れた（画像はロシア国営テレビで放送されたもの）。上の2枚の写真は、何かが隕石を貫通する様子を捉えたものとされる。

糸川英夫　隕石をバラバラにするぐらいの速度で動けるんだったら、大陸間弾道弾なんて、すぐに破壊できますよ。だから、やっぱり、それも〝ネズミ捕《と》り〟が要《い》るね。

小林　ええ、しかも、先ほどの例に関しては、時間と場所が特定できますので。「一九六×年の、アメリカの何とか州の、地図でいうと、この場所に、例えば、午前六時にＵＦＯが二機現れて、大陸間弾道ミサイルが全部シャットダウンした」というような記録とかがありますので、フォーカスして調べようと思えば、それで調べられます。

糸川英夫　ああ、なるほどね。

小林　それで、「ミサイルを止めてしまう技術を、その宇宙人から教えてもらう」という手は、確かにありますよね。

糸川英夫　まあ、それについては、たぶん、私以外に、もうちょっと詳《くわ》しい人がいると思うので、ほかの人に訊《き》いたほうがいいかもしれないけども。

だから、今、マスコミがギャアギャア騒《さわ》いでるようなこととはまったく関係のない次元で戦争が始まり、終わってしまう可能性はあると思います。世間《せけん》が気がつかないうちに、まったく知らないうちに、（戦争が）始まって終わってる可能性はあると思いますね。

（ミサイルが）飛ばなくなったらいいんですよ。そしたら、もう終わりです。抑止力として、それを飛ばせなくする技術があればね。

まあ、破壊してもいいんですけど、飛ばなかったら終わりですよね。飛ばなくしたらいいんですよ。弾道弾もミサイルも、飛ばなくする技術があればいいわけですから、これは、できないことはない。考えてできないことは、絶対にないですね。

だから、憲法九条を改正しなくても、平和裡《へいわり》にやれますよ。技術開発で簡単にできてしまいます。

近藤　ありがとうございます。

糸川英夫　民間で、「幸福の科学ALSOK《アルソック》」っていう（会場笑）、電子ALSOKをつくって、「うちが請《う》け負います」と言うて、やれなくはないですね。

小林　ええ。そうですね。

糸川英夫　単なる研究ですから。「必要とあったらお声をかけてください。事前に、向こうのほう（のミサイル）は全部使えなくしますから」ということであれば、それは技術研究ですからね。

近藤　ありがとうございます。

10　糸川博士の過去世《かこぜ》に迫《せま》る

科学者として「過去世《かこぜ》の話は恥《は》ずかしい」

近藤　多岐《たき》にわたり、非常にユニークな発想で、研究、教育の参考になることをたくさんお教えいただきました。

小林　最後に、過去世《かこぜ》と宇宙系の過去についても、お聞かせ願えますでしょうか。

糸川英夫　過去世（笑）。過去世ね。ロケット博士の過去世ねえ。どうしようかねえ。

近藤　ぜひ、お教えください。

糸川英夫　ロケット博士の過去世かあ。

小林　ええ。「どんなことをされていたか」というあたりのことでも結構ですので。

糸川英夫　うーん、まあ、日本の過去の歴史を見たら、そんなに出番がないよね。どう見てもねえ。

小林　やはり、西洋とか、世界のほうに……。

糸川英夫　うーん。そうだねえ。どのあたりを言えば分かるかねえ。あんたに分かる仕事を言うとしたら、何があるかねえ。

うーん。まあ、昔で言えば、やはり、造船とか、そんなほうだったかもしれないですけどね。あのあたりには、活躍《かつやく》の機会があったよね。戦国時代とかだったら、いろいろと……。

小林　ああ、織田信長《おだのぶなが》が、鉄板を張った船をつくったりと、いろいろしていましたけども。

糸川英夫　そうそう。そんなようなものとかね。

小林　ええ。

糸川英夫　そういう仕事だったらあったかもしれないねえ。まあ、日本では、あんまり使うところがないんだけど、本当ね。

あとは、西洋のほうでも、多少はあったよ。

まあ、昔の話は恥《は》ずかしくて。科学者としては、ちょっと恥ずかしくてしょうがないんだけど、投石機械をつくったり、あとは、何て言うのかなあ、うーん……、城を攻《せ》める道具？　攻城戦《こうじょうせん》道具として、向こうより高い櫓車《やぐらしゃ》をつくって、上から攻撃《こうげき》する方法とかをつくったりした覚えはあるけどねえ。

「古代史リーディング」によって宇宙との交流が明らかになる

小林　では、一気に、アトランティス時代あたりまで飛んでしまっても結構なんですけども。

糸川英夫　それは構わないけども、話はかなり飛んでしまいますよ。アトランティスになると、また、ちょっとコロッと変わってしまうんです。

アトランティスのときには、今、あなたがたが、これから迎《むか》えようとする時代と似たものを、すでに経験しているんです。それを経験し、改革期を迎えたあとに（アトランティス大陸が）消えていっているのでね。

まあ、そのへんについては、いずれまた、総裁から明らかにされることもあろうかとは思うけども、今、私が言ったとおりの宇宙との交流というのは、すでにやっていたんです（『アトランティス文明の真相』〈幸福の科学出版刊〉参照）。

『アトランティス文明の真相』（幸福の科学出版）

小林　当時は、そういう仕事をされたという……。

糸川英夫　うん。そうそう。だからねえ、今の人は、宇宙飛行士しか宇宙に行けてないけども、昔の人のなかには、宇宙に行ってる人がけっこういるんですよ。意外にねえ。

そういう話は、日本にだって遺《のこ》ってるでしょう。空から降りてくるような話は、いっぱい出てるでしょう？

小林　はい。

糸川英夫　もう、明らかですよ。宇宙人と交流してたのは、もう明らかなんです。

まあ、そのへんについては、いずれ、「古代史リーディング」をやってるうちに、もっと全容が出てくると思う。今はたぶん、少し抑《おさ》えぎみにやってるんだろうと思うのよ。

だって、今の考古学者たちはみな、古代を、縄文《じょうもん》時代、弥生《やよい》時代とか言って、「弥生時代には、ネズミに穀物《こくもつ》をかじられないよう、ネズミが這《は》い上がれないようなネズミ返しをつくっていて、高床式《たかゆかしき》だった」とか、「縄文時代には、土器の焼き方として、こんな縄目《なわめ》が出ていた」とか、そんなことをやってるレベルだから、宇宙人が出てくると、とたんに頭がおかしくなるんで、出せないんだろうと思う。

だけど、あなたがたの教えがもうちょっと弘《ひろ》まっていったら、だんだんと出せる可能性が出てくる。古代の日本の神様や、超《ちょう》古代の神様など、今の有史に遺っている以前まで入ったら、（宇宙人と）交流があったということは絶対に出てくるから。まあ、外国のものを調べたらいいし、今言ったようなことも調べたらいいけど、いろんなことが分かってくるよ。

今は、現にいる宇宙人を捕獲《ほかく》する案もあるけど、もっと昔のやつをリーディングしていったら、被害《ひがい》が非常に少ないかたちで分かってくる可能性はあると思う。だから、（幸福の科学の）人事局が（職員を）採用するときに、できるだけ、「こいつは宇宙人に違《ちが》いない」と思うやつを、毎年、何人かずつ採用し続けて、「これは間違いなく変てこりんな宇宙人に違いない」というのを、ちょっと面白《おもしろ》いふうに入れておいて、リーディングをかけていくと、出てくる可能性はあると思うねえ。

小林　はい。

11　糸川博士は今世紀中に生まれ変わる？

糸川博士の魂《たましい》と宇宙の関係は「まだ教えられない」

小林　糸川先生は、ご生前から、ロケットや宇宙に対して、熱意、うずきを感じられていますが、おそらく、魂《たましい》のそれほど奥《おく》の深いところではなく、浅いところに、ある種の宇宙とのつながりといいますか、記《き》憶《おく》、出身といったものがないと、これだけ宇宙に情熱が向くというのは、なかなか難しいと思うのです。

そういった意味で、過去世《かこぜ》の話の延長線上、あるいは、その途中《とちゅう》にあるのかもしれませんが、ご出身、または、縁《えん》のあった星や宇宙などというのはどちらになるのでしょうか。これは、仏教における顕《けん》・密《みつ》で言えば、「密」のほうの話かもしれませんけれども……。

糸川英夫　うーん……、わしの宇宙人リーディングかよ……。

小林　いえいえ。何か、最後に一言《ひとこと》、宇宙とのご縁といいますか……。

糸川英夫　うーん……。まあ、一回目（の霊言《れいげん》）では、やっぱり、ちょっとサービス過剰《かじょう》かな。

小林　あ、そうですか（笑）。

糸川英夫　一回目では、ちょっとサービス過剰で、霊言自体が眉唾《まゆつば》にされるといけないので、まあ、一回目では、ちょっと勘弁《かんべん》かなあ。

小林　はい。分かりました。

糸川英夫　もうちょっと懇意《こんい》になったら考えても……。

小林　はい。分かりました。

アトランティス時代は主に「三つの星」と交流していた

小林　では、少し、一歩引きまして、アトランティス時代には、宇宙との交流というか、ある種の付き合い、交信のようなことを地上でされていたと思うのですが、当時のアトランティスの研究グループなどが交信していた相手、交流していた相手というのは、どのあたりの方だったのでしょうか。

糸川英夫　そうですねえ。うーん、少なくとも、三つぐらいの星から来てたとは思います。三種類ぐらいはあったと思われますねえ。

やっぱり、プレアデスとベガが多かったんですけど、プレアデス、ベガ、および、あとは、おそらくあれは……、うーん……、おおぐま座のほうから来てたかなあ。

小林　おおぐま座？

糸川英夫　なんか、あちらのほうから来てた者がいたと思うんですけどねえ。

小林　ああ、そうですか。分かりました。ありがとうございます。

糸川博士が指摘《してき》する「もっと徹底的《てっていてき》に調べるべき人物」とは

糸川英夫　おたくの、星を家紋《かもん》にしておられる、大学の〝九鬼晴明《くきのせいめい》〟氏あたりも、どうせ、元宇宙人だろうからさ、やっぱり、「自分でしゃべれえ！」って、宇宙人リーディングをかけたほうがいいんじゃないかなあ（注。学校法人幸福の科学学園副理事長〔大学設置構想担当〕の九鬼一《くきはじめ》は、以前行《おこな》った過去世リーディングにより、過去世が安倍晴明《あべのせいめい》であったことが判明している）。

小林　（笑）なるほど。分かりました。

糸川英夫　自分が宇宙人だろう。どうせ、あれは。

小林　ええ。

糸川英夫　だから、自分でしゃべったらいいんだよ。人に訊《き》かんでも。もう間違《まちが》いないよ。あんな星をマークにするなんて、おかしいよ。

小林　（笑）

糸川英夫　絶対おかしい。あれは宇宙人に違いない。

小林　はい。

糸川英夫　「これは、どこの星ですか」って訊いたらええねん。「どこの星から来たんか」って追及《ついきゅう》すべきだよ、徹底《てってい》的になあ。

そしたらもっと分かるよねえ。

だから、もうちょっと、そういう関係のあるの……。まあ、これは、ある程度、数を当たらないと無理があるかとは思うけど、やっぱり、適性があるからね。

あと、先ほどの電波系のやつで言うと、ニコラ・テスラとか、あのあたりを、もうちょっと調べたほうがいいかもしれないし、エジソンなんかも、まだ隠《かく》しているものがもっともっとある可能性は、かなりあると思うなあ。

ニコラ・テスラ（1856～1943）
電気工学者・発明家。高圧交流発電に成功し、交流電流による送電システムの基礎を確立した。

トーマス・エジソン（1847～1931）
発明家・起業家。人々の生活を一変させる重要な発明を数多く行い、発明王と称される。

小林　ああ、なるほど。

今世紀中に出られるよう「〝里親〟を募集《ぼしゅう》しておきたい」

糸川英夫　まあ、もし二十一世紀中に、もっと宇宙に出られる時代が本当に来るんだったら、わしも、早いけど、もう一回ぐらい（地上に）出てもいいかなあと、今、思ってるんで。

小林　ああ、それは、ぜひ。

糸川英夫　幸福の科学学園？

近藤　大学のほうに……。

糸川英夫　大学？　うーん……、まあ、そこで役に立つならば、ちょっと、今世紀中ぐらいには出てもええかなと思ってはおるんだがなあ。

小林　ええ。ぜひ、出ていただけるような大学にすべく、今後もご指導いただければと思います。

近藤　お待ちしております。

糸川英夫　うーん。二十年もすれば活躍《かつやく》できるんでしょう？

小林　はい。

糸川英夫　二十年もすりゃあねえ。だから、ちょっと考えてみたいなあ。この前、誰《だれ》かも〝里親〟を探してたんじゃなかったっけな。誰か〝里親〟探しをしている人……。

近藤　エジソンですね。

糸川英夫　え？　え？　エジソンだった？

近藤　エジソンがそうですね（『トーマス・エジソンの未来科学リーディング』〔幸福の科学出版刊〕参照）。

糸川英夫　ライバルやね。それだったら、エジソンとライバルだねえ。

　でも、わしもちょっと〝不成仏《ふじょうぶつ》〟なので。あの「隼《はやぶさ》」だけでは、ちょっと足りんかったんで、やっぱり、次は絶対に負けないものをつくりたいですねえ。

　それに、たぶん、地球の防衛についての問題だけじゃなくて、宇宙からの問題も出てくるから、対宇宙のものも、いろいろと必要になってくると思うので、（自分が）要《い》るかなあ。

　やっぱり、今世紀後半には存在してないといけないかもしれないねえ。

小林　そうですね。それは、一つのいいターゲットになると思います。

『トーマス・エジソンの未来科学リーディング』（幸福の科学出版）

糸川英夫　うん。じゃあ、まあちょっと、わしも〝里親〟を募集《ぼしゅう》しておこうかなあ。

小林　ええ。ぜひぜひ。至急、手配いたしますので（会場笑）。

糸川英夫　ええとこがあれば、ちょっと考えさせてもらうわ。

近藤　ありがとうございます。お待ちしております。

就職先として「未来科学研究所」を自前《じまえ》でつくればいい

糸川英夫　まあ、そんなところかなあ。ほかに何ぞ、あるかねえ。もうええのかね。何かあったかい？
（梶に）あんた、ほとんどしゃべっとらんけど、何しに座《すわ》ってるねん？

梶　すみません（笑）。ありがとうございます。

糸川英夫　うん？

梶　では、最後に一つだけお訊きしたいのですが、今、幸福の科学学園生たちが、未来産業学部に非常に期待をしていて、そちらに行きたいと言っています。
しかし、やはり、進路選択《せんたく》のところで、「未来産業をつくりたい」など、ぼやっとしたことを言っていて、その具体的な決め手や、具体的に何をやりたいかというところが見えず、どうしていいのかが分からないという学生が大勢います。

糸川英夫　ああ、心配ない。全然、心配は要りません。あのねえ、それは、もう、幸福の科学で会社をつくったらいいんです。そんな、就職先なんて心配させる必要はありません。会社をつくりなさい、会社を。

大丈夫《だいじょうぶ》です。大学をつくるときには金がかかるけども、そのあと、卒業生が出るころには、資金にちょっと余裕《よゆう》が出てくるから、会社をつくったらいいのよ。何十億円か資本金を出して、会社をつくって、それで、そこに就職すりゃいいし、そのまま研究を続けたらいいわけよ。未来産業の研究を続けたらいいわけよ。

理研《りけん》なんか、あんなもんなあ、もうすぐどうなるか分からん〝あれ〟ですから、自分たちで、そういう会社、ないし研究所をつくったらいいのよ。（大学から）延長して、そのままそこで研究を続けて、それを実用化していったほうがいいと思う。たぶん、その程度の余力は、全体のなかにあると思うなあ。

教団が潰《つぶ》れるところまでやったらいかんけど、ある程度は、そういう理化学研究所に代わるような、「未来科学研究所」みたいなのを自分たちでつくって、就職先もつくってしまったらいいよ。

梶　ありがとうございます。

糸川英夫　うん。だって、そうしないと、既成《きせい》のところに行っても、そんなに役に立たないかもしれないので。

梶　そうですね。

糸川英夫　研究を、まだまだずっと続けないといけないので。十年、二十年先のこともあろうからね。ちょっと、そのへんまで、構想は練っておいたほうがいいと思うよ。

梶　はい、分かりました。ありがとうございます。

糸川英夫　まあ、そんなところでいいかなあ。

近藤　はい。ありがとうございます。

糸川英夫　大した役には立たなかったかも……。

小林　いえ、本当に貴重なアイデアや発想を頂きまして、ありがとうございます。

糸川英夫　ああ、そう。まあ、ちょっと、刺激《しげき》だけはあったほうがいいだろうかられ（手を叩《たた》く）。

一同　ありがとうございました。

大川隆法　（手を叩く）はい。

12 糸川博士の霊言《れいげん》を終えて

大川隆法　まあ、感じる人は、何か感じるかもしれません。確かに、発想は違《ちが》いますね。「逆転の発想」というだけあって、普通《ふつう》は考えないようなことを言うものだなと思います。

例えば、「ハエ型の偵察機《ていさつき》ロボットがつくれたら全然違うぞ」など、面白《おもしろ》いことを言っていました。「なるほど、そういうふうに考えるか」と感じます。そうなったら、金正恩《キムジョンウン》を一発で仕留《しと》められます。簡単にできてしまうでしょう（笑）。

無人飛行機から分離《ぶんり》して降りていき、どこにいるかを探《さぐ》れば、周りに被害《ひがい》を与《あた》えることもなく、〝睡眠《すいみん》中に蚊《か》に刺《さ》されて亡《な》くなる〟ようなこともありえますね。

うーん、なるほど。

アルカイダ系に対しても、こういうものは欲《ほ》しいかもしれません。今の無人飛行機では、やはり大きすぎるのです。まだ墜落《ついらく》したり、撃墜《げきつい》されたりする可能性があるので、もう一段の小型化も要《い》るでしょう。

幾《いく》つか面白い発想がありましたから、このような〝遺伝子〟が入れば、「奇《き》人《じん》・変人、大歓迎《だいかんげい》」というか、あとからもっと面白いことを考える人が出てくるのではないでしょうか。

みな就職のことをいちばん心配しているようですが、「もう、就職先をつくってしまえ」と言っていましたから、それも一つかもしれません。

政党（幸福実現党）のように、当選しなくても生きているところもあるのであれば、そのくらいの会社をつくれないことはないと思います。だんだん、裾野《すその》が広がっていくのであれば、その可能性がありますし、その会社で実用化していった、いろいろなものを、お金に換《か》えていくことはできるでしょう。
ただし、その間《かん》、資金をつなぐ体力は必要であり、財務的な能力として、経営成功学部のほうからの援助《えんじょ》が要るかもしれません。
面白いと思います。そこまで考えておいたほうがよいのではないでしょうか。

小林　そうですね。

大川隆法　役所の許認可行政では、なかなかうまくいかないような気がしますが、「株式会社なら、自分たちで幾らでもつくれる」と言われているわけです。確かに、株式会社であれば、資本金一円でつくれます。一円でつくれるのであれば、つくってしまったほうが早いかもしれません。
自分たちでもつくれるものとして、先ほどの〝電波系のもの〟なら、民間向けの民生用と変わらないでしょうから、分からないかもしれないですね。

そういう意味では、将来のビジョンとして楽しみができるのではないでしょうか。幸福の科学の本部職員になることばかりを考えられても困るところがありますから、少し別のセクションをつくっていくことも考えたほうがよいのかもしれません。

きっと、次の世代にはそういう人も出てくるでしょう。おそらく、やれるのではないでしょうか。可能性があることを教えておけば、考える人は出てくると思います。

それでは以上といたしましょう。

一同　ありがとうございました。

あとがき

糸川英夫博士のような人を百人ぐらい生み出せたら、日本の未来も、世界の未来も、とてつもなく明るいものになるだろう。

「クリエイティブ」であるということは、未来人として生き残る条件だ。この点では文系も理系も差はない。

勇気をもって、怖れずに挑戦するマインドを創ろう。

理系学部も、単なる指示待ち族の研究者や技師ばかりつくっても仕方ないのだ。面白いことを考えよ。

面白いことを考えつくと、すぐつぶされる組織は、すでに役所化し、大企業病にかかっているといってよい。

大企業がつぶれてもいいではないか。新しい生物が続々と生まれてくるように、生きていく力を発明しよう。先般TVで、中国のゴキブリ工場の様子を伝えていた。ゴキブリをブロック部屋で繁殖させて乾燥し、袋づめして売り、カリカリの天ぷら菓子風にしてスナック食料にしていた。人間が食べられるよりは有難いと思った。何でもありの時代の到来だ。

二〇一四年　九月二十三日

幸福《こうふく》の科学《かがく》グループ創始者兼総裁《そうししゃけんそうさい》
幸福《こうふく》の科学大学創立者《かがくだいがくそうりつしゃ》　大川隆法《おおかわりゅうほう》

『ロケット博士・糸川英夫の独創的「未来科学発想法」』大川隆法著作関連書籍

『ＡＫＢ48 ヒットの秘密』（幸福の科学出版刊）
『「宇宙人によるアブダクション」と「金縛り現象」は本当に同じか』（同右）
『「宇宙の法」入門』（同右）
『神々が語る レムリアの真実』（同右）
『アトランティス文明の真相』（同右）
『トーマス・エジソンの未来科学リーディング』（同右）
『未来にどんな発明があるとよいか』（同右）
『もし湯川秀樹博士が幸福の科学大学「未来産業学部長」だったら
何と答えるか』（同右）
『ネバダ州米軍基地「エリア51」の遠隔透視』（同右）

ロケット博士《はかせ》・糸川英夫《いとかわひでお》の独創的《どくそうてき》「未来《みらい》科学《かがく》発想法《はっそうほう》」

2014年9月26日　初版第1刷

著　者　　大《おお》　川《かわ》　隆《りゅう》　法《ほう》

発行所　　幸福の科学出版株式会社

〒107-0052 東京都港区赤坂2丁目10番14号
TEL(03)5573-7700
http://www.irhpress.co.jp/

印刷・製本　株式会社 東京研文社

落丁・乱丁本はおとりかえいたします

ISBN978-4-86395-557-8 C0030
写真：Momotarou2012 Someformofhuman User:Lerdsuwa
Frank Glaw, Jörn Köhler, Ted M. Townsend, Miguel Vences
Andreas Trepte

大川隆法 霊言シリーズ・未来へのメッセージ

トーマス・エジソンの 未来科学リーディング

タイムマシン、ワープ、UFO技術の秘密に迫る、天才発明家の異次元発想が満載！ 未来科学を解き明かす鍵は、スピリチュアルな世界にある。

1,500円

H・G・ウェルズの 未来社会透視リーディング

2100年――世界はこうなる

核戦争、世界国家の誕生、悪性ウイルス……。生前、多くの予言を的中させた世界的SF作家が、霊界から100年後の未来を予測する。

1,500円

公開霊言 ガリレオの変心

心霊現象は非科学的なものか

霊魂が非科学的だとは証明されていない！ 唯物論的な科学や物理学が、人類を誤った方向へ導かないために、近代科学の父が霊界からメッセージ。

1,400円

大川隆法ベストセラーズ・宇宙時代の到来に向けて

「宇宙の法」入門

宇宙人とUFOの真実

あの世で、宇宙にかかわる仕事をしている6人の霊人が語る、驚愕の真実。宇宙から見た「地球の使命」が明かされる。

1,200円

トス神降臨・インタビュー アトランティス文明・ピラミッドパワーの秘密を探る

アンチエイジング、宇宙との交信、死者の蘇生、惑星間移動など、ピラミッドが持つ神秘の力について、アトランティスの「全知全能の神」が語る。

1,400円

「宇宙人によるアブダクション」と「金縛り現象」は本当に同じか

超常現象を否定するＮＨＫへの〝ご進講〟

「アブダクション」や「金縛り」は現実にある！「タイムスリップ・リーディング」によって明らかになった、7人の超常体験の衝撃の真相とは。

1,500円

幸福の科学出版

大川隆法ベストセラーズ・幸福の科学「大学シリーズ」

「未来産業学」とは何か

未来文明の源流を創造する

新しい産業への挑戦 ――「ありえない」を、「ありうる」に変える！ 未来文明の源流となる分野を研究し、人類の進化とユートピア建設を目指す。

1,500円

湯川秀樹のスーパーインスピレーション

無限の富を生み出す「未来産業学」

イマジネーション、想像と仮説、そして直観 ――。日本人初のノーベル賞を受賞した天才物理学者が語る、未来産業学の無限の可能性とは。

1,500円

もし湯川秀樹博士が幸福の科学大学「未来産業学部長」だったら何と答えるか

食料難、エネルギー問題、戦争の危機……。21世紀の人類の課題解決のための「異次元アイデア」が満載！ 未来産業はここから始まる。

1,500円

未来にどんな発明があるとよいか

未来産業を生み出す「発想力」

日常の便利グッズから宇宙時代の発明まで、「未来のニーズ」をカタチにするアイデアの数々。その実用性と可能性を分かりやすく解説する。

1,500円

※表示価格は本体価格（税別）です。

大川隆法シリーズ・**最新刊**

宗教学者「X」の変心

「悲劇の誕生」から「善悪の彼岸」まで

かつて、オウム教を擁護し、幸福の科学を批判したX氏。その後、新宗教への評価はどう変わったのか。X氏の守護霊がその本心を語った。

1,400円

宗教学者から観た「幸福の科学」

「聖なるもの」の価値の復権

戦後に誕生したあまたの新宗教と幸福の科学との違いは何か。日本を代表する3人の宗教学者の守護霊が、幸福の科学に対する本音を率直に語る。

1,400円

大学生からの超高速回転学習法

人生にイノベーションを起こす新戦略

試験、語学、教養、専門知識……。限られた時間のなかで、どのように勉強すれば効果が上がるのか? 大学生から社会人まで、役立つ智慧が満載!

1,500円

Noblesse《ノーブレス》 Oblige《オブリージ》

「高貴なる義務」を果たす、
「真のエリート」を目指せ。

幸福の科学学園
中学校・高等学校（那須本校）

Happy Science Academy Junior and Senior High School

「私は、
教育が人間を創ると
信じている一人である。
若い人たちに、
夢とロマンと、精進、
勇気の大切さを伝えたい。
この国を、全世界を、
ユートピアに変えていく力を
出してもらいたいのだ。」

（幸福の科学学園 創立記念碑より）

幸福の科学学園 創立者
大川隆法

幸福の科学学園（那須本校）は、幸福の科学の教育理念のもとにつくられた、男女共学、全寮制の中学校・高等学校です。自由闊達な校風のもと、「高度な知性」と「徳育」を融合させ、社会に貢献するリーダーの養成を目指しており、2014年4月には開校四周年を迎えました。

Noblesse《ノーブレス》 Oblige《オブリージ》　「高貴なる義務」を果たす、「真のエリート」を目指せ。

2013年 春 開校

幸福の科学学園
関西中学校・高等学校

Happy Science Academy
Kansai Junior and Senior High School

私は日本に
真のエリート校を創り、
世界の模範としたい
という気概に満ちている。
『幸福の科学学園』は、
私の『希望』であり、
『宝』でもある。
世界を変えていく、
多才かつ多彩な人材が、
今後、数限りなく
輩出されていくことだろう。
（幸福の科学学園関西校 創立記念碑より）

幸福の科学学園 創立者
大川隆法

滋賀県大津市、美しい琵琶湖の西岸に建つ幸福の科学学園（関西校）は、男女共学、通学も入寮も可能な中学校・高等学校です。発展・繁栄を校風とし、宗教教育や企業家教育を通して、学力と企業家精神、徳力を備えた、未来の世界に責任を持つ「世界のリーダー」を輩出することを目指しています。

幸福の科学学園・教育の特色

「徳ある英才」の創造

教科「宗教」で真理を学び、行事や部活動、寮を含めた学校生活全体で実修して、ノーブレス・オブリージ(高貴なる義務)を果たす「徳ある英才」を育てていきます。

体育祭

天分を伸ばす「創造性教育」

教科「探究創造」で、偉人学習に力を入れると共に、日本文化や国際コミュニケーションなどの教養教育を施すことで、各自が自分の使命・理想像を発見できるよう導きます。さらに高大連携教育で、知識のみならず、知識の応用能力も磨き、企業家精神も養成します。芸術面にも力を入れます。

探究創造科発表会

一人ひとりの進度に合わせた「きめ細やかな進学指導」

熱意溢れる上質の授業をベースに、一人ひとりの強みと弱みを分析して対策を立てます。強みを伸ばす「特別講習」や、弱点を分かるところまでさかのぼって克服する「補講」や「個別指導」で、第一志望に合格する進学指導を実現します。

授業の様子

自立心と友情を育てる「寮制」

寮は、真なる自立を促し、信じ合える仲間をつくる場です。親元を離れ、団体生活を送ることで、縦・横の関係を学び、力強い自立心と友情、社会性を養います。

毎朝夕のお祈りの時間

幸福の科学学園の進学指導

1 英数先行型授業

受験に大切な英語と数学を特に重視。「わかる」(解法理解)まで教え、「できる」(解法応用)、「点がとれる」(スピード訓練)まで繰り返し演習しながら、高校三年間の内容を高校二年までにマスター。高校二年からの文理別科目も余裕で仕上げられる効率的学習設計です。

2 習熟度別授業

英語・数学は、中学一年から習熟度別クラス編成による授業を実施。生徒のレベルに応じてきめ細やかに指導します。各教科ごとに作成された学習計画と、合格までのロードマップに基づいて、大学受験に向けた学力強化を図ります。

3 基礎力強化の補講と個別指導

基礎レベルの強化が必要な生徒には、放課後や夕食後の時間に、英数中心の補講を実施。特に数学においては、授業の中で行われる確認テストで合格に満たない場合は、できるまで徹底した補講を行います。さらに、カフェテリアなどでの質疑対応の形で個別指導も行います。

4 特別講習

夏期・冬期の休業中には、中学一年から高校二年まで、特別講習を実施。中学生は国・数・英の三教科を中心に、高校一年からは五教科でそれぞれ実力別に分けた講座を開講し、実力養成を図ります。高校二年からは、春期講習会も実施し、大学受験に向けて、より強化します。

5 幸福の科学大学(仮称・設置認可申請中)への進学

二〇一五年四月開学予定の幸福の科学大学への進学を目指す生徒を対象に、推薦制度を設ける予定です。留学用英語や専門基礎の先取りなど、社会で役立つ学問の基礎を指導します。

授業の様子

仏法真理塾

サクセスNo.1

未来の菩薩を育て、仏国土ユートピアを目指す！

仏法真理塾「サクセスNo.1」とは

宗教法人幸福の科学による信仰教育の機関です。信仰教育・徳育にウエイトを置きつつ、将来、社会人として活躍するための学力養成にも力を注いでいます。

サクセスNo.1 東京本校（戸越精舎内）

「サクセスNo.1」のねらいには、「仏法真理と子どもの教育面での成長とを一体化させる」ということが根本にあるのです。

大川隆法総裁　御法話「『サクセスNo.1』の精神」より

仏法真理塾「サクセスNo.1」の教育について

信仰教育が育む健全な心

御法話拝聴や祈願、経典の学習会などを通して、仏の子としての「正しい心」を学びます。

学業修行で学力を伸ばす

忍耐力や集中力、克己心を磨き、努力によって道を拓く喜びを体得します。

法友との交流で友情を築く

塾生同士の交流も活発です。お互いに信仰の価値観を共有するなかで、深い友情が育まれます。

●サクセスNo.1は全国に、本校・拠点・支部校を展開しています。

東京本校	TEL.03-5750-0747	FAX.03-5750-0737
名古屋本校	TEL.052-930-6389	FAX.052-930-6390
大阪本校	TEL.06-6271-7787	FAX.06-6271-7831
京滋本校	TEL.075-694-1777	FAX.075-661-8864
神戸本校	TEL.078-381-6227	FAX.078-381-6228
西東京本校	TEL.042-643-0722	FAX.042-643-0723
札幌本校	TEL.011-768-7734	FAX.011-768-7738
福岡本校	TEL.092-732-7200	FAX.092-732-7110
宇都宮本校	TEL.028-611-4780	FAX.028-611-4781
高松本校	TEL.087-811-2775	FAX.087-821-9177
沖縄本校	TEL.098-917-0472	FAX.098-917-0473
広島拠点	TEL.090-4913-7771	FAX.082-533-7733
岡山本校	TEL.086-207-2070	FAX.086-207-2033
北陸拠点	TEL.080-3460-3754	FAX.076-464-1341
大宮本校	TEL.048-778-9047	FAX.048-778-9047
仙台拠点	TEL.090-9808-3061	FAX.022-781-5534
熊本拠点	TEL.080-9658-8012	FAX.096-213-4747

全国支部校のお問い合わせは、サクセスNo.1東京本校（TEL. 03-5750-0747）まで。

メール info@success.irh.jp

エンゼルプランV

信仰教育をベースに、知育や創造活動も行っています。

信仰に基づいて、幼児の心を豊かに育む情操教育を行っています。また、知育や創造活動を通して、ひとりひとりの子どもの個性を大切に伸ばします。お母さんたちの心の交流の場ともなっています。

TEL 03-5750-0757　FAX 03-5750-0767
メール angel-plan-v@kofuku-no-kagaku.or.jp

ネバー・マインド

不登校の子どもたちを支援するスクール。

「ネバー・マインド」とは、幸福の科学グループの不登校児支援スクールです。「信仰教育」と「学業支援」「体力増強」を柱に、合宿をはじめとするさまざまなプログラムで、再登校へのチャレンジと、進路先の受験対策指導、生活リズムの改善、心の通う仲間づくりを応援します。

TEL 03-5750-1741　FAX 03-5750-0734
メール nevermind@happy-science.org

ユー・アー・エンゼル!(あなたは天使!)運動

障害児の不安や悩みに取り組み、ご両親を励まし、勇気づける、障害児支援のボランティア運動です。学生や経験豊富なボランティアを中心に、全国各地で、障害児向けの信仰教育を行っています。保護者向けには、交流会や、医療者・特別支援教育者による勉強会、メール相談を行っています。

TEL 03-5750-1741　FAX 03-5750-0734
メール you-are-angel@happy-science.org

シニア・プラン21

生涯反省で人生を再生・新生し、希望に満ちた生涯現役人生を生きる仏法真理道場です。週1回、開催される研修には、年齢を問わず、多くの方が参加しています。現在、全国8カ所(東京、名古屋、大阪、福岡、新潟、仙台、札幌、千葉)で開校中です。

東京校 TEL 03-6384-0778　FAX 03-6384-0779
メール senior-plan@kofuku-no-kagaku.or.jp

入会のご案内

あなたも、幸福の科学に集い、ほんとうの幸福を見つけてみませんか？

幸福の科学では、大川隆法総裁が説く仏法真理をもとに、
「どうすれば幸福になれるのか、また、
他の人を幸福にできるのか」を学び、実践しています。

入会

大川隆法総裁の教えを信じ、学ぼうとする方なら、どなたでも入会できます。入会された方には、『入会版「正心法語」』が授与されます。（入会の奉納は1,000円目安です）

ネットでも**入会**できます。詳しくは、下記URLへ。
happy-science.jp/joinus

三帰《さんき》誓願《せいがん》

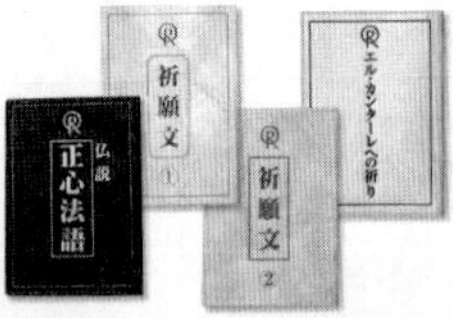

仏弟子としてさらに信仰を深めたい方は、仏・法・僧の三宝への帰依を誓う「三帰誓願式」を受けることができます。三帰誓願者には、『仏説・正心法語』『祈願文①』『祈願文②』『エル・カンターレへの祈り』が授与されます。

植福《しょくふく》の会

植福は、ユートピア建設のために、自分の富を差し出す尊い布施の行為です。布施の機会として、毎月1口1,000円からお申込みいただける、「植福の会」がございます。

「植福の会」に参加された方のうちご希望の方には、幸福の科学の小冊子（毎月1回）をお送りいたします。詳しくは、下記の電話番号までお問い合わせください。

月刊「幸福の科学」

ザ・伝道

ヤング・ブッダ

ヘルメス・エンゼルズ

INFORMATION	幸福の科学サービスセンター TEL. 03-5793-1727（受付時間 火～金：10～20時／土・日：10～18時） 宗教法人 幸福の科学 公式サイト happy-science.jp